CIDADES-TOTAIS:
O (NADA) SUBLIME
ESPAÇO PÓS-MODERNO

MARCOS MARQUES DE OLIVEIRA

CIDADES-TOTAIS:
O (NADA)
SUBLIME ESPAÇO PÓS-MODERNO

Direção Editorial:
Marlos Aurélio

Conselho Editorial:
Avelino Grassi
Edvaldo Araújo
Fábio E.R. Silva
Márcio Fabri dos Anjos
Mauro Vilela

Copidesque:
Thiago Figueiredo Tacconi

Revisão:
Ana Aline Guedes da Fonseca
de Brito Batista

Diagramação:
Érico Leon Amorina

Capa:
Tatiane Santos de Oliveira

Rua Tanabi, 56 – Água Branca
Cep: 05002-010 – São Paulo-SP
(11) 3675-1319 (11) 3862-4831
Televendas: 0800 777 6004
vendas@ideiaseletras.com.br
www.ideiaseletras.com.br

Dados Internacionais de Catalogação na Publicação (CIP)
(Câmara Brasileira do Livro, SP, Brasil)

Cidades-totais: o (nada) sublime espaço pós-moderno / Marcos Marques de Oliveira.
São Paulo-SP: Ideias & Letras, 2015.

Bibliografia.
ISBN 978-85-65893-81-7

1. Cultura e sociedade 2. Geopolítica
3. Globalização 4. Pós-modernismo I. Título.

15-02675 CDD-300.1

Índice para catálogo sistemático:

1. Relação sujeito-objeto na pós-modernidade:
Ciências sociais 300.1

O ensaio tem a ver [...] com o que há de opaco em seus objetos. Ele quer abrir o que não cabe em conceitos ou aquilo que, através das contradições em que se enredam, acaba revelando que a rede de sua objetividade seria mera disposição subjetiva. Ele quer polarizar o opaco, desabrochar as forças aí latentes. Esforça-se por chegar à concreção do conteúdo definido no espaço e no tempo; constrói a conjunção dos conceitos do modo como eles se apresentam conjugados no próprio objeto. [...] Por isso é que a mais intrínseca lei formal do ensaio é a heresia. Na infração à ortodoxia do pensamento torna-se visível na coisa aquilo que, por sua secreta finalidade objetiva, a ortodoxia busca manter invisível.

Theodor Adorno,
O ensaio como forma

Este livro é uma homenagem a Wellington Souza e Silva, cuja vida-ensaio-amizade inspirou neste autor os sonhos libertários de uma nova sociabilidade.

SUMÁRIO

PREFÁCIO OU COMO SAIR DA "BOLHA ALUCINÓGENA"

Não é fácil encontrar alguém que, no nevoeiro do "pós-modernismo", sinalize códigos que levam a desvendar seus criptogramas e a sair da "bolha alucinógena" em que a desrazão contemporânea se meteu depois de tentar sair da "jaula de ferro" da razão moderna, como dizia o sociólogo Max Weber. É o que consegue Marcos Marques de Oliveira neste livro, um dos poucos que se deixam ler de um só fôlego, até o fim, mesmo em se tratando de assunto difícil.

Não apenas pelo número sucinto de páginas e a clareza da escrita, mas principalmente pelo valor de seu conteúdo, esse grande ensaio torna-se uma profícua e indispensável leitura para quem busca formar uma ideia essencial do universo complexo e contraditório do pós-modernismo, que vem gerando um dos mais insidiosos simulacros na história da humanidade.

Marcos Marques apresenta concretamente alguns elementos básicos que se configuram nesse fenômeno, dialogando e debatendo com diversos autores e se guiando principalmente pelas reflexões desenvolvidas por dois grandes analistas sobre o assunto: Frederic Jameson e Milton. Santos. Do primeiro, estuda o "mapeamento cognitivo da arquitetura pós-moderna" nos países avançados; do segundo, seus reflexos catastróficos nas periferias do sistema.

Entre outras coisas, Jameson tem se notabilizado em mostrar que o pós-modernismo é a forma cultural do capitalismo tardio, a lógica própria de um sistema no qual o poder da mercadoria alcança expansão global e consegue penetrar sutilmente em todas as esferas da vida individual e social. "Tardio", nesse caso, não significa obsoleto e desgastado, mas sofisticado e sutil, capilar e onipresente. Trata-se, de fato, de um aguerrido e mais audacioso capitalismo que se expressa não apenas nas novas formas produtivas, no aprofundamento da divisão internacional do trabalho manobrada por organismos multilaterais superestatais e na volatilidade do impenetrável sistema financeiro; mas, ainda mais eficazmente, na "sublimidade" das redes midiáticas, na fascinação do imaginário e na excitação da poderosa indústria do entretenimento. De modo que, nunca como hoje, a economia e a cultura estreitaram laços tão profundamente, uma permeando a outra. Uma visão, na realidade, prefigurada por outros estudiosos, como Raymond Williams que, a partir do seu seminal *Cultura e sociedade*, publicado em 1958, revoluciona o conceito de cultura entendendo-a não mais como uma expressão elevada e separada de alguns intelectuais; mas, pelo contrário, como organização simbólica dos significados e valores de uma determinada sociedade.

Por estar intimamente imbricada a essa, como havia intuído Gramsci ainda no início do século passado, a cultura torna-se fundamental para a sua reprodução e campo decisivo de disputa hegemônica pelos grupos de poder.

Detectada em sua função real, a cultura pós-modernista difundida pelas classes dominantes se dedica a desintegrar qualquer elemento crítico que venha ameaçá-las. Eis porque um dos objetivos mais letais desse projeto é promover o que Marcos Marques, na esteira de Jameson, denomina por "dessubjetivação"; ou seja, de neutralização de sujeitos que possam pensar e agir livre e conjuntamente em vista de propostas alternativas.

Explicam-se, assim, suas intensas incursões "culturais" que produzem a fragmentação, a esquizofrenia, um redemoinho frenético de "informações" e "atividades" que passam a impressão de movimento e conhecimento, mas que na realidade impedem de sair do mesmo e esvaziado lugar: o presente. Um horizonte no qual prosperam pensamentos aforismáticos de autores como, por exemplo, Friedrich Nietzsche, que prega o "eterno retorno do mesmo" para decretar o fim do sujeito, da consciência, da democracia, da igualdade, da história e, sobretudo, da revolução.

Os "super-homens" cibernéticos do pós-modernismo, na verdade, longe da dura realidade em que está imersa a maioria da população, vivem suas hipnóticas aventuras nos muros protegidos da "cidade-total", no espaço artificial e altamente sofisticado de ilhas encantadas criadas por um capitalismo astuto que visa propiciar a "felicidade pelo esquecimento", congregando em uma multidão mansa indivíduos atomizados a serviço de seus desígnios.

Tal configuração lembra a distinção entre "espaço sagrado" e "espaço profano", delineada por Domenico Losurdo em *Contra-história do liberalismo*, no qual é denunciada a constituição da "comunidade dos senhores" separada do mundo "ameaçador" dos trabalhadores e das massas populares.

Sem muitos rodeios, Marcos Marques leva o leitor a entender concretamente essa esquizofrenia ao recriar as análises originais feitas por Jameson sobre o Hotel Bonaventure, da cidade de Los Angeles, um caso exemplar de cidade-total pós-moderna. Outras "cidades-totais", nos alerta esse texto, "onde nada é sujo ou morre" nessa "prisão do tempo no espaço", se espalham pelo mundo como "lares desterritorializados do capital, produtores de um espaço próprio para a sacralização do mercado".

Em regiões periféricas e semiperiféricas do sistema, como o Brasil, os grupos hegemônicos do capitalismo pós-modernizado não encontram grandes obstáculos para instalar "cidades-totais" como, por exemplo, o World Trade Center (WTC) de São Paulo: um mundo "mágico" no qual indivíduos, grupos e corporações convivem "pacificamente" no trabalho, no consumo e na diversão.

Na esteira da geografia política mundial traçada por Milton Santos, Marcos Marques mostra brilhantemente como esses espaços são os prepostos que concentram no território nacional forças e engenharias poderosas a serviço de um capitalismo com interesses transnacionais. "Cidades sem cidadãos", como o WTC em São Paulo, fazem parte do "processo de transformação das cidades internacionais dos países subdesenvolvidos em espaços derivados da lógica internacional para criação de um novo império global".

Ao estabelecer essas conexões, o autor dessas páginas traça uma leitura da nossa realidade que se torna fundamental para entender o papel que o Brasil joga nesse delicado período de eufórica "aceleração" de crescimento, de (pós) modernização e (re)urbanização em que se (re)configuram o espaço e o tempo para melhor continuar a desempenhar sua função de sócio menor na ordem econômica mundial e agente submisso aos verdadeiros centros de poder isentos de qualquer processo democrático.

Desnecessário, portanto, dizer quanto esse livro é de grande atualidade, particularmente, nesse período de empolgação coletiva em vista de uma maior produção e dos grandes eventos da Copa do Mundo e das Olimpíadas. Ao lado das análises, como as de Ronaldo Vainfas sobre os impactos dos megaeventos que colocam as cidades brasileiras em estado permanente de sítio e as tornam reféns dos grandes empresários, essas páginas permitem entender como os espaços urbanos são cada vez mais pensados em função do capital e do turismo e não das necessidades e da promoção de seus verdadeiros e reais habitantes.

Sem moralismo e pretensões, além de sua força crítica, esse livro recupera a liberdade, o senso da realidade, da história e da política, os espaços e os projetos públicos, a capacidade de criação da vida humana e social, instâncias anestesiadas por um pós-modernismo que vem assumindo os traços do enigma da esfinge, sem decifrar o quanto corremos o risco de sermos devorados.

Giovanni Semeraro
Professor de Filosofia da Faculdade de Educação da UFF

INTRODUÇÃO

De uma cidade, não aproveitamos as suas sete ou setenta e sete maravilhas, mas as respostas que dá as nossas perguntas.

Italo Calvino

O objetivo deste livro é analisar a relação sujeito--objeto na dita pós-modernidade, destacando o processo de *dessubjetivação* que vem sendo determinado, entre outros fatores, pela subordinação do tempo pelo espaço. No resgate de um princípio-tarefa da modernidade, a de perceber como totalidade o que aparece como fragmento e descontinuidade, esse exercício parte da hipótese de Fredric Jameson (1996) sobre a ocorrência de uma profunda mutação na esfera da cultura, que no capitalismo tardio assumiria uma nova função devido a sua explosão por todo o domínio social. Partimos, assim, da posição desse autor em favor da autenticidade dos produtos culturais contemporâneos como elementos analíticos fundamentais para a compreensão sociológica da terceira grande expansão original do capitalismo – a que se costumou chamar de era "pós-moderna".

Entre os produtos culturais da pós-modernidade, Jameson identifica a arquitetura como a mais próxima do econômico – o melhor sintoma, portanto, da cada vez maior imbricação entre os níveis supra e infraestruturais. Os debates sobre a arquitetura, nas discussões que inauguraram o pós-modernismo em contraposição ao modernismo, tiveram o mérito de fixar a ressonância política dessas questões aparentemente estéticas. É justamente no mapeamento cognitivo da arquitetura pós-moderna que Jameson vai definir um novo conceito – o conceito de "espaço-total", que aparece como um vestígio "sublime" de totalidade no discurso apologista do fragmentário. Ou, quiçá, um indício de que a crítica às metanarrativas é também uma metanarrativa.

Em paralelo a abordagem que Jameson faz de um "espaço-total" hegemônico,[1] far-se-á uma análise de um "espaço-total" hegemonizado. O intuito é identificar algumas pistas sobre a qualidade da inserção de um país periférico na temática pós-moderna. Isso será feito a partir de um exercício interpretativo de enfoque sistêmico, comum à perspectiva geográfica de Milton Santos (1997), que considera o processo em análise (também denominado de "globalização") como a realização da sociedade humana em uma base material específica (o planeta Terra) – realização essa que congrega várias instâncias e mediações: o espaço e seu uso, o tempo e seu uso; a materialidade e suas diversas formas, as ações e suas diversas feições.

1 Hegemonia, na clássica conceituação de Antônio Gramsci, é a "capacidade de direção intelectual e moral, em virtude da qual a classe dominante, ou aspirante ao domínio, consegue ser aceita como guia legítimo, constitui-se em classe dirigente e obtém o consenso ou passividade da maioria da população diante das metas impostas à vida social e política de um país" (BOBBIO *et al.*, 1992, p. 580). Nesse texto, o conceito vai ser usado para definir o poder dominante de uma nova burguesia internacional que, segundo Milton Santos (1997), se utiliza de modernos meios técnico-científicos, assim como das teorias acríticas do pós-modernismo, para impor uma nova ordem mundial de exploração capitalista.

A partir de uma literatura sobre a pós-modernidade e de uma pesquisa empírica sobre um objeto pós-moderno, buscar-se-á corroborar a crítica que o geógrafo faz ao conformismo dos raciocínios técnicos, comum em pesquisas que se negam a enfrentar o entendimento do mundo em prol de uma "produção burocrática" que persiste em fundar uma universidade de "resultados", supostamente consoante com uma nova "sociedade do conhecimento" - defesa muito comum nos adeptos de uma teoria pós-moderna acrítica.

A hipótese aqui defendida é de que se não se pode discutir o fato do conhecimento científico-tecnológico estar desempenhando um papel cada vez mais decisivo na sociedade e na economia, não se pode, por outro lado, corroborar o pressuposto ideológico do fim da ação política como possibilidade de transformação histórica.

Como salienta Sérgio Paulo Rouanet (*apud* OLIVEIRA, 2002, p. 65):

> *Uma coisa é chamar a atenção para esses fatos, e outra é fazer deles uma ideologia. É justamente o que está acontecendo. O conceito vem funcionando como ideologia em seu sentido mais clássico, o de conjunto de ideias destinadas a mistificar relações reais, a serviço de um sistema de dominação. No caso, o sistema de dominação é o exercido pelo capitalismo global, as relações reais provêm do novo lugar ocupado pelo conhecimento na fase atual do capitalismo, e a mistificação consiste em dissimular a verdadeira natureza do modelo que está sendo idealizado.*

Nesse sentido, o presente texto busca instituir-se como um esforço imaginativo sobre o presente, tendo como parâmetro o recado de Hugo Zemelman em relação às possibilidades do conhecimento social em uma era em que a *distopia* capital se posta como única alternativa:

> *Reconocer a la realidad significa algo más que conocerla. Exige saber ubicarse em el momento histórico que se vive, el cual es una forma de asombro que obliga a colocarse em un umbral desde el cual pode mirar, no solamente para contemplar sino también para actuar; la utopía, antes que nada, es la tensión del presente.* (ZEMELMAN, 2000, p. 110)

I. O PÓS-MODERNISMO DE JAMESON

Se o que você chama de banalização é o cinismo habitual da mídia, eu não gosto. Mas se você chama de banalização o fato de que há informações e elementos de cultura que são transmitidos a povos inteiros, que antes eram absolutamente ignorantes em comparação a gerações anteriores, então é muito bom.

Jean-Francois Lyotard[2]

O que vem sem chamando "pós-modernismo", na perspectiva de Fredric Jameson, é um fenômeno do capitalismo tardio, marca do poder e da expansão global da forma-mercadoria. A partir de sua predominância não se pode mais falar de algum lugar fora do sistema, já que mesmo espaços até então distantes (como a natureza e o inconsciente, por exemplo) foram alcançados. Nessa linha de pensamento, o pós-modernismo seria a forma cultural do capitalismo tardio, a lógica própria desse sistema – e não mais uma expressão "relativamente" autônoma da organização social.

Em algumas de suas obras, Jameson (1996, 1997 e 2001) examina uma variedade de manifestações da cultura contemporânea em busca de conceitos que cumpram uma dupla função: fornecer um princípio para a análise de textos culturais; e apresentar um modelo de funcionamento ideológico

2 Em entrevista cedida a Betina Bernardes (1997).

geral de todas essas manifestações. O autor norte-americano marca sua posição no debate sobre a validade ou não do pós-modernismo resgatando um princípio-tarefa da modernidade: a de perceber como totalidade o que aparece como fragmento e descontinuidade. Ele se insurge contra a diretriz "pró-pós-moderna" que defende a hipótese de que a vida social é cada vez mais irreconciliável com nossos modos de representação, de forma definitiva e irrevogável. Essas teorias do fragmentário, a seu ver, só podem duplicar a alienação e a reificação do presente. Essa, portanto, seria a visão dos que veem o advento do pós-modernismo (e da respectiva sociedade pós-industrial) como o "admirável mundo novo", atores propagandistas de um novo tipo de hegemonia ideológica cuja função é reforçar o antigo obscurecimento da consciência pela lógica do capital.

O apelo para elementos virtuais do presente, no intuito de se provar o tempo atual como radicalmente distinto de todos os momentos anteriores do tempo humano, nada mais é que o sintoma de uma patologia autorreferencial — "como se nosso completo esquecimento do passado se exaurisse na contemplação vazia, mas hipócrita de um presente esquizofrênico" (JAMESON, 1996, p. 10). Fredric Jameson, no entanto, não refuta a utilidade do conceito "pós-modernismo", vendo-o como uma tentativa de coordenar novas formas de práticas, hábitos sociais e mentais, assim como novas formas de organização e produção da economia, que surgem em concomitância com a última (não necessariamente final) transformação do capitalismo:

> *O "pós-moderno" deve ser visto como a produção de pessoas pós-modernas, capazes de funcionar em um mundo socioeconômico muito peculiar, um mundo cujas estruturas, características e demandas objetivas [...] constituiriam a situação para o qual o "pós-modernismo" é a resposta e nos dariam algo mais do que uma mera teoria do pós-modernismo.* (JAMESON, 1996, pp. 18-19)

O capitalismo tardio, afirma Jameson, não seria uma mera percepção da emergência de novas formas de organização empresarial. Ele é, acima de tudo, um sistema mundial, distinto do antigo imperialismo pela sua expansão global, no qual os conflitos vão além das rivalidades entre potências coloniais. Seus novos elementos centrais são: a) Empresas transnacionais; b) Nova divisão internacional do trabalho; c) Nova dinâmica das transações financeiras internacionais; d) Novas formas de inter-relacionamento midiático; e) Expansão da cibernética e da automação; f) Fuga da produção industrial para áreas específicas dos países em desenvolvimento; g) Disseminação de inúmeras crises sociais centradas na crise do trabalho tradicional, promotora de uma nova aristocratização em escala global.

A conscientização sobre essa nova dinâmica do capital vem acontecendo de forma gradual e retroativa. A percepção do *habitus* psíquico dessa nova época teve como exigência uma quebra radical nas formas de se pensar o mundo, que se estabeleceu a partir de uma ruptura geracional ocorrida nos anos 1960. O pós-moderno, admite Jameson, seria uma espécie de compensação do fracasso político desses "anos loucos". Ainda que incomparável com as transformações realizadas pela modernização e pela industrialização, não se pode negar que houve uma mudança decisiva na vida social. Menos perceptível e menos dramática; porém mais permanente, abrangente e difusa.

Nessa nova fase, cultura e economia se fundem para eclipsar a relação base/superestrutura, gerando um novo tipo de dinâmica social. A inter-relação do cultural com o econômico não seria, portanto, uma via de mão única, mas uma contínua interação recíproca. Jameson, entretanto, contesta as teorias que cumprem a missão ideológica de demonstrar que essa nova formação social não obedece mais a algumas leis do capitalismo clássico, tal como o primado da produção industrial e a presença da luta de classes.

Nos encontramos em um outro estágio do capitalismo (talvez no seu estágio mais puro), do qual o pós-modernismo é sua expressão, ao mesmo tempo, interna e superestrutural, uma nova era de dominação militar e econômica dos Estados Unidos da América sobre o resto do mundo - com os mesmos efeitos de toda a história da luta de classes: Sangue, tortura, morte e terror (LOSURDO, 2010). Porém, o eclipse da relação base/superestrutura produz um efeito especular que encobre as feridas não curadas da época modernista. E esse efeito se dá pela urgência desvairada da economia em produzir novas séries de produtos que cada vez mais parecem novidades, em um ritmo *turn over* sempre maior, e que "atribui uma posição e uma função estrutural cada vez mais essenciais à inovação estética e ao experimentalismo" (JAMESON, 1996, p. 30).

A obra de Jameson se destaca pelas reflexões que faz sobre a missão da arte política no novo e desconcertante espaço mundial do capitalismo multinacional, em uma concepção histórica não estilística. O pós-modernismo é considerado aqui como a forma cultural dominante da lógica do capitalismo tardio em uma tentativa dialética de se pensar o tempo presente na história. Ele não faz uma leitura a respeito da natureza salvacionista da alta tecnologia (tão ao gosto de governos de vários matizes e dos apologistas do "pop modernismo"), mas também rejeita as condensações niilistas e a visão (em justaposição à seriedade utópica) de alguns pró-modernistas.

A partir de Jameson, é preciso encarar a questão por um viés histórico-dialético, portanto não moralista, assim como Marx fez em sua época com os economistas políticos clássicos, os filósofos idealistas e os socialistas utópicos, evidenciando os aspectos negativos e positivos, funestos e libertários, catastróficos e progressistas da contemporânea realidade social (LOSURDO, 2004).

Um primeiro passo sugerido é a não refutação da hipótese de mutação profunda na esfera da cultura, o que inclui a aceitação de uma modificação significativa de sua função social no capitalismo tardio. A cultura, portanto, não pode mais ser caracterizada como um epifenômeno ou como um fenômeno semiautônomo. É preciso reconhecer sua explosão por todo o domínio social, até o ponto em que tudo na vida das sociedades (economia, Estado, ações coletivas e estrutura psíquica) possa ser considerado como cultural, em confluência com o diagnóstico de uma sociedade de predominância da imagem e do simulacro, da transformação do real em uma série de pseudoeventos. Devemos, afirma Jameson, designar esse novo espaço global como o momento da verdade do pós-modernismo, acrescentando que o "sublime" pós-moderno é apenas a explicitação efetiva desse conteúdo, em um surgimento mais próximo da consciência e da coerência, inclusive seus disfarces.

> *O argumento em favor de uma certa autenticidade nessas produções patentemente ideológicas depende da proposição anterior de que o que vimos chamando de espaço pós-moderno (ou multinacional) não é meramente uma ideologia cultural ou uma fantasia, mas é uma realidade genuinamente histórica (e socioeconômica), a terceira grande expansão original do capitalismo no mundo.*[3] (JAMESON, 1996, p. 75)

Assim, as análises dos produtos culturais da atualidade não podem ser elaboradas sob os dilemas e as referências históricas que não nos pertencem mais. Torna-se necessário a adoção de uma noção de cultura – e de uma teoria correspondente – que dê conta da estética pós-moderna, definida de forma provisória como uma "estética do mapeamento cognitivo". Nessa tarefa de dotar a cultura pós-moderna de alguma originalidade, demarcando as diferenças entre o estágio atual e o alto modernismo, Jameson destaca a arquitetura como a fornecedora dos produtos que mais efetivamente realizam o eclipse entre as esferas culturais e econômicas – isto é, os produtos mais representativos da imbricação entre infra e superestrutura.[4] Os debates sobre a

•••••••••••••••

3 As expansões anteriores foram a dos mercados nacionais e a do antigo sistema imperialista, com suas próprias especificidades culturais e espaços apropriados às suas dinâmicas.

4 Já Gramsci, na primeira metade do século XX, em seus estudos sobre a forma como se organiza a estrutura ideológica de uma classe dominante

arquitetura, nas discussões que inauguram o pós-modernismo como estilo, tiveram o privilégio de fixar a ressonância política dessas questões aparentemente estéticas.

Tal referência possibilitou ao autor a detecção de quatro posições básicas diante do modernismo, que vão tomar conta também dos debates epistemológicos:[5] a) Os defensores do pós-moderno a partir de um ponto de vista antimodernista; b) Os pró-modernistas/antipós-modernistas; c) Os que não aceitam o pós-modernismo como uma ruptura decisiva, considerando-o como um ciclo inscrito na continuidade histórica do próprio modernismo; d) Os que não aceitam o pós-modernismo como uma ruptura radical, mas consideram-no como mera degeneração dos impulsos já estigmatizados.

Contudo, a perspectiva que tem se provado mais atual, como indicam Santaella (1996) e Anderson (1999), é a do próprio Jameson. Sua compreensão ampla e profundamente enraizada das transformações do modo de produção capitalista mostra

(ou seja, "a organização material voltada para manter, defender e desenvolver a 'frente' teórica ou ideológica"), inseria a arquitetura como um de seus principais elementos: "A imprensa é parte mais dinâmica desta estrutura ideológica, mas não a única: tudo o que influi ou pode influir sobre a opinião pública, direta ou indiretamente, faz parte dessa estrutura. Dela fazem parte a biblioteca, as escolas, os círculos e os clubes de variados tipos, até a arquitetura, a disposição e o nome das ruas" (GRAMSCI, 2010, p. 78).

5 Segundo Jameson (1996), o debate sobre a pós-modernidade teve três fases distintas: até os anos 1970, com a dianteira das artes e da arquitetura; nos anos 1980, quando da popularidade do tema e o nascimento de um pós-modernismo de "resistência", que ofereceu uma reação crítica ao cinismo e ao descompromisso político do "pop modernismo"; e, nos anos 1990, quando assistimos ao consenso quase unívoco acerca da existência do pós-moderno, apesar dos modos diversos de interpretá-lo.

como cada vez mais se tem firmado um cenário social em mutação, devido prioritariamente a fatores de ordem econômica, no qual se corrobora um sistema financeiro altamente instável e integrado, que combina desequilíbrios internos e globais em uma nova ordem internacional. O que definiria então a sociedade pós-moderna seria a expansão do poder do capital de invadir os domínios do signo e da representação.

> *O pós-modernismo, eis aí a tese, não é senão a lógica cultural do capitalismo avançado, produzindo como efeito tanto a desdiferenciação das tradicionais fronteiras entre a cultura popular, erudita e de massas, quanto a substituição da figuração psíquica do sujeito alienado, típica do capitalismo emergente, pela figuração esquizofrênica dominante na cena pós-moderna.* (SANTAELLA, 1996, p. 121)

Como veremos no capítulo seguinte, não se sustentaria mais, na perspectiva pós-moderna, a concepção de um sujeito "alienado", já que a representação de um ego íntegro, coerente e centrado foi destruída pela instabilidade das linguagens e discursos esquizofrênicos do capitalismo tardio.

No entanto, se, por um lado, podemos demarcar a era do sujeito-fragmento, por outro, podemos encontrar, na análise que Jameson faz da arquitetura pós-modernista, um vestígio sublime de totalidade, principalmente em sua categoria de "espaço-total" – que, na adequação ao meu objeto de pesquisa, irei denominar num capítulo posterior de "cidade-total". E é exatamente a partir dessa categoria que vislumbro identificar algumas pistas sobre a inserção de um país periférico no debate pós-moderno. Essa tentativa se realizará como um exercício interpretativo de enfoque sistêmico, tal como a perspectiva geográfica de um importante intelectual brasileiro, que considera o período em análise como a realização da sociedade humana em uma base material específica (a Terra), congregadora de várias instâncias e mediações: "O espaço e seu uso; a materialidade e suas diversas formas; as ações e suas diversas feições" (SANTOS, M. 1997).

II. O INDIVÍDUO PÓS-MODERNO: DESSUBJETIVAÇÃO E SIMULACRO

Eu vezes eu espalhados em mim
Eu mínimo, múltiplo, comum
Eu menos eu do que resta de mim
Eu máximo, único-nenhum
Ela, ele, vocês vezes eles, os outros
Eu e eu outra vez
Nervo, músculo e osso

Titãs[6]

Na pós-modernidade, como visto no capítulo anterior, a relação mais imediata de um produto cultural com as esferas econômica e social, segundo Fredric Jameson, se encontra na arquitetura.[7] Isso ocorre porque, comumente, a edificação de uma obra arquitetônica demanda um esforço muito maior do que qualquer outra manifestação artística. Tal esforço não se restringe ao capital necessário para sua execução – uma grande obra cinematográfica, por exemplo, também demanda grandes custos. Contudo os dispêndios de qualquer produção arquitetônica envolvem, de forma direta, resistências ainda maiores nas esferas política, social, cultural e, especialmente, ambiental.

6 Titãs. Eu. *Tudo ao mesmo tempo agora*. WEA, 1991.

7 "Já se observou com frequência que o significado emblemático da arquitetura hoje, assim como sua originalidade formal, está em sua proximidade do social e nos 'interesses que divide com a economia' " (JAMESON, 2001, p. 174).

Mas a relação imediata (e profundamente dialética) entre as duas esferas está principalmente no apoio dos patrocínios das empresas, geralmente transnacionais, cuja expansão e desenvolvimento são contemporâneos aos da arquitetura. É pela análise dessa relação que Jameson oferece algumas interessantes reflexões sobre a missão política da arte no recente e desconcertante espaço do capitalismo tardio. Entre elas, destaca-se a *dessubjetivação* e a constituição de uma outra paisagem, a partir da subsunção do tempo pelo espaço – "o tempo, de alguma forma, tornou-se espaço" (JAMESON, 1997).

Em *O grito*, de Edvard Much, por exemplo, podemos flagrar a expressão obtusa dos temas modernistas. Lá estão a alienação, a anomia, a solidão, a fragmentação social e o isolamento – tudo ancorado no desencantamento do sujeito com o mundo burguês. Porém, ali ainda está o sujeito, com sua identidade centrada, seu ego abalado, mas que continua íntegro e coerente com uma verdade metafísica, em que podemos identificar para além da paisagem, em sua profundidade, a permanência da natureza e das "razões" inconscientes. No pós-modernismo, afirma Jameson, a profundidade é substituída por superfícies múltiplas, no qual as paisagens se sobrepõem umas às outras. A falta de profundidade não é uma mera metáfora. Ao contrário, ela é fisicamente experimentada no cotidiano.

Vejamos a estória de um certo urbanoide pós-moderno, descrita por Jair Ferreira dos Santos (1990). O respectivo personagem acorda ao som do *U2*, esquenta seu sanduíche no micro-ondas, localiza sua agenda no *personal computer*, participa da reunião na agência pela manhã, joga tênis na hora do almoço, troca seu cartão magnético à tarde, passa no *shopping* ao fim do trabalho, assiste mais uma aventura de *Indiana Jones* no vídeo, filma sua "transa" com a namorada e na hora de dormir tem a sensação imensa de vazio e irrealidade.

Se pudéssemos fazer um videoclipe de nosso cotidiano, talvez não tivéssemos um filme muito diferente e poderíamos constatar que a cada dia nossa vida se esvai em fragmentos desordenados de imagens e signos: "Tudo leve e sem substância como um fantasma. Nenhuma revolta. Entre a apatia e a satisfação, você dorme" (SANTOS, J. 1990, pp. 8-9). O motivo dessa *dessubjetivação* está na invasão eletrônica ao cotidiano, na saturação de informações, no hedonismo consumista e no niilismo da pós-modernidade. A saída fica quase sempre em uma dupla opção: Sermos uma "criança radiosa", o indivíduo sedutor integrado à tecnologia, de identidade móvel e sexualmente liberado; ou um "androide melancólico", consumidor programado, sem história, indiferente e marionete da tecnociência.

Segundo Jameson, a transformação da vida em fragmentados desordenados, de imagens e signos, esse novo emaranhado de superfícies superpostas, torna nossos antigos sistemas de percepção da vida social e da cidade um tanto arcaicos e sem utilidade. A "fuga" corajosa entre a radiação e a melancolia estaria na constituição de um novo sistema perceptivo, capaz de assumir o fim do ego burguês e de suas psicopatologias (como a ansiedade e a alienação) e dar conta de um problema ontológico no capitalismo tardio: o esmaecimento dos afetos. Sem a presença de um ego encarregado do sentir, os sentimentos são agora autossustentados e impessoais, sendo geralmente dominados por um tipo peculiar de euforia, que se manifesta na volubilidade da vida cotidiana, na efusão das linguagens, isto é, nas experiências dominadas pela dimensão espacial. O tempo perde o seu lugar. É o fim do "sujeito" como até então o conhecemos e idealizamos, da possibilidade de estilo pessoal e o engendrar do pastiche, que se reveste no multiculturalismo do vale-tudo do "pop modernismo".

A aparente equanimidade das culturas do globo, no processo que se convencionou chamar de "globalização", encobre a subsunção das diferenças pela lógica mercadológica, que nunca deixou de ser uma matriz cultural em sua expansão mundial. Porém, ao contrário do que acontecia no modernismo, os atores que forjam as estratégias econômicas que afetam nossas vidas não precisam mais impor suas falas. Como indica Jameson:

> *Se, antes, as ideias de uma classe dominante (ou hegemônica) formavam a ideologia da sociedade burguesa, os países capitalistas avançados são, em nossos dias, o reino da heterogeneidade estilística e discursiva sem norma.* (1996, p. 44)

O engendrar do pastiche é o sintoma da ausência dos grandes projetos coletivos (alternativos), o que leva ao imitar desenfreado dos estilos do passado através de uma máscara linguística. Não há outro lugar, senão o passado, para os "produtores culturais" (quem "produz" cultura?) que alimentam a canibalização aleatória de todos os estilos anteriores. É o mundo transformado em uma mera imagem de si próprio por pseudoeventos, como um simulacro – a cópia do que nunca existiu, senão o próprio passado modificado.

O pós-modernismo, portanto, é a era de um novo indivíduo, diferente do neurótico freudiano da alta modernidade. O modelo estético sugerido pela perspectiva de Jameson é o da esquizofrenia de Jacques Lacan – produto da ruptura na cadeia dos significantes. Sendo o significado gerado no movimento do significante, como que percebido pelo sujeito, o seu efeito é o conteúdo. Com essa cadeia rompida, temos a esquizofrenia, o amontoamento distinto e não relacionado dos signos; a perda de contato com a realidade, pela incapacidade de se associar ideias. A identidade é unificada temporalmente, em um "tudo ao mesmo tempo agora": presente, passado e futuro. É a invasão, na realidade, do sujeito por um presente excessivo, que com sua carga de afeto potencializada, sugere um estado de alucinação, um misto de ansiedade e quase barato.

A *dessubjetivação* é, assim, um exercício permanente de descontinuidades, como a "fenda heideggeriana" entre a Terra e o Mundo (JAMESON, 1996). Esse *dessujeito* é, portanto, sintoma do que Jameson chama de explosão da cultura por todas as instâncias da vida, como ocorre agora nesse novo período do modo capitalista de produzir, que talvez esteja em seu momento mais sublime. E é esse sublime que surge como hipótese a ser comprovada daquilo que Slavoj Zizek chamou de estado normal do capitalismo, que é o estado de revolucionamento permanente de suas próprias condições de existência. Longe de ser restritivo, seu limite é o próprio impulso do seu desenvolvimento. Assim, "quanto mais ele apodrece, mais ele tem que se revolucionar para sobreviver" (ZIZEK, 1996, p. 329).

O espaço próprio desse *dessujeito* está na alienação da vida urbana cotidiana, no qual a representação do meio torna-se incompatível com o corpo. Os monumentos aparecem como simulacros mortos, pintados com as cores da vida como uma película brilhante. As obras pós-modernas surgem como o sublime que esmaga o que é humano, dada a incapacidade da representação pela mente humana de tão grandes forças - a não alcançável "coisa-em-si" kantiana.

Descreve Jameson:

> *A paisagem orgânica do campo pré-capitalista e da sociedade dos vilarejos camponeses foi destruída pelo capitalismo tardio, pela Revolução Verde, pelo neocolonialismo e pelas Megalópoles, cujas autopistas passam sobre os antigos campos e terrenos vazios, transformado a "casa do ser", de Heidegger, em condomínios, moradias populares miseráveis.* (1996, p. 61)

No pós-modernismo, a natureza e o inconsciente, referentes do espaço e do sujeito, não escapam da expansão prodigiosa da mais pura forma do capital, agora expressa em uma outra paisagem. A arquitetura do modernismo, por exemplo, tinha como referência a exaltação estética da máquina, como se pode perceber nos edifícios de Le Corbusier. Tais monumentos se postam como vastas estruturas utópicas que navegam como grandes barcos a vapor, em meio à paisagem urbana degradada. Era a utopia da reconstrução prometeica da sociedade humana. Hoje, as máquinas são outras. Os edifícios pós-modernos são pastiches de objetos reais ou não, em uma alusão temática e alusiva, beirando ao humorístico – como as fitas cassetes empilhadas do Japão, os bares *Hard Rock* em todo o mundo, o *Café do Gol* e o *Rock in Rio Café* no Rio de Janeiro.

Mais do que máquinas de produção são máquinas de reprodução. Essas obras, que Jameson considera como textos pós-modernos, entram na rede dos processos reprodutivos nos oferecendo um vislumbre sublime do capitalismo tardio, cujo poder ou autenticidade é documentado pelo sucesso obtido por tais obras ao evocar todo um novo espaço que surge ao nosso entorno. A arquitetura, dessa forma, se afirma como a linguagem estética privilegiada, em que:

> *Os reflexos distorcidos e fragmentados de uma superfície de vidro a outra podem ser considerados como paradigmáticos do papel central do processo e da reprodução na cultura pós-moderna.* (JAMESON, 1996, p. 63)

Jameson, portanto, não considera a tecnologia como a determinação em última instância da vida social dos nossos dias, de nossa produção cultural – tese que seria coincidente com a noção pós-marxista de uma sociedade pós-industrial. Em vez disso, o autor norte-americano sugere que nossas representações imperfeitas de uma imensa rede computadorizada de comunicações são, em si mesmas, a figuração distorcida de algo ainda mais profundo: o sistema mundial do capitalismo multinacional de nossos dias. E, como pressupôs Marx, o mais profundo se irrompe nas crises.

> *Com rara nitidez, a crise do México mostra a face da nova ordem mundial na era da globalização. Como nunca antes, os protagonistas demonstraram com*

que ímpeto a integração global da economia alterou as estruturas do poder mundial. Como se fossem dirigidos por mãos invisíveis, os governos sujeitaram-se à superpotência EUA; o FMI, outrora onipotente, e todos os bancos centrais europeus obedeceram ao Didktat de um poder superior, cuja força de destruição já nem mais podem avaliar: O mercado financeiro internacional. (MARTIN; SCHUMANN, 1998, p. 68)

Esse processo simboliza a chegada de um novo tipo de classe política ao poder mundial que atua, segundo Chomsky (1996), como uma espécie de Estado transnacional ditador da política econômica e planejador da alocação dos recursos mundiais. Estado esse que é formado por instituições de ação interestatais – como o Fundo Monetário Internacional (FMI), o Banco Mundial, o Banco Interamericano de Desenvolvimento, a Agência Norte-Americana para o Desenvolvimento Internacional, a Comunidade Europeia, o Programa de Desenvolvimento das Nações Unidas, entre outras – e que, como uma espécie de Estado bonapartista[8] de nível internacional, serve a outros senhores: corporações financeiras transnacionais, de serviços, manufatureiras, de mídia e comunicação. De acordo com Chomsky:

Instituições que são totalitárias em sua estrutura interna, totalmente irresponsável, absolutista em caráter e imensa em poder. Dentro delas, um participante toma parte em uma hierarquia de dominação

8 Na definição original de Karl Marx, é a forma de governo que se desenvolve em sociedades em que a burguesia possui força suficiente para engendrar as relações capitalistas de produção, mas ainda sem a legitimidade suficiente, lança mão de institutos "democráticos" para difundir sua ideologia e, dessa forma, impor sua hegemonia (LEFEBVRE, 1981).

> *completamente rígida, implementando ordens de cima, transmitindo-as para baixo.* (1996, p. 226)

Mas, como adverte Jameson, deve-se descartar qualquer hipótese que se sustente em uma teoria conspiratória, que é sempre uma tentativa degradada de pensar a totalidade do sistema – a outra realidade das instituições econômicas e sociais, como representadas na ficção científica *ciberpunk* dos desenhos, filmes e gibis juvenis, que professam uma paranoia global.[9] A tentativa de entender o tempo presente, segundo a perspectiva jamesoniana, passa pela constituição de um esboço analítico – nossa tarefa seguinte – dessas novas forças sublimes que produzem a tecnologia hipnótica e fascinante do pós-modernismo. Dessas, as obras arquitetônicas pós-modernas são uns dos maiores sintomas, já que nos permite um outro olhar sobre uma rede de poder e controle, ainda muito difícil de ser compreendida por nossa imaginação – a nova rede global descentrada do terceiro estágio do capital.

9 "Matrix (por exemplo) é um sintoma; finge denunciar uma 'desumanização' da vida para, com esse pretexto, propalar justamente a beleza fria de uma desumanização em curso há muito tempo. 'Deixa de ser paranoico' – dirão alguns – 'é só um filme....' Tudo bem, não acho que haja alguma 'conspiração' de Hollywood contra a Humanidade, não. O perigo justamente é que não há conspiração alguma. As anomalias de hoje surgem sem nenhuma intenção ideológica; tudo é uma inocente decorrência do mercado" (Jabor, Arnaldo. Matrix é contra o homem e a favor da máquina. *O Globo*, Segundo Caderno. Rio de Janeiro, 17 de jun. 2003, p. 8).

III. A CIDADE-TOTAL DA PÓS-MODERNIDADE

Water was running, children were running
You were running out of time
Under the mountain, a golden fountain
Were you praying at the Lares Shrine?
But oh! Your city lies in dust, my friend

Siouxsie & The Banshees[10]

Em sua análise sobre o pós-modernismo como lógica cultural do capitalismo tardio, Fredric Jameson examina uma variedade de manifestações artísticas contemporâneas. E, como vimos, é a arquitetura – cujos debates nas décadas de 1950 e 1960 inauguram o pós-modernismo como estilo – que tem o mérito de fixar a ressonância política de questões aparentemente estéticas. De todas as artes, é ela que está mais próxima do econômico, sendo a relação mais imediata de um produto cultural com a chamada infraestrutura social. Sob esse pressuposto, Jameson faz um esboço analítico de um edifício pós-moderno, nos oferecendo uma interessante lição a respeito da originalidade do espaço no capitalismo tardio.

Segundo o crítico norte-americano, vivemos na questão espacial uma mutação global e radical, mas que a mente humana ainda não consegue acompanhar. A velocidade de transformação do objeto é imensa, e o que torna o sujeito ainda mais fragmentado e desorientado é justamente a

10 Siouxsie & The Banshees. City in dust. *Tinderbox*. Polygram, 1986.

falta de um equipamento perceptivo-interpretativo necessário para enfrentar esse novo hiperespaço. Nossos hábitos perceptivos, formados naquele espaço mais antigo do alto modernismo, encontram-se defasados. É justamente a arquitetura atual que se coloca como um imperativo para o desenvolvimento de novos órgãos, para a expansão de nosso equipamento sensorial e de nossos corpos até novas dimensões de sensação e entendimento.

O seu exemplo matriz é o Hotel Bonaventure, que se localiza no centro da cidade de Los Angeles, criado pelo arquiteto John Portman, em 1977. Essa obra é um exemplo da arquitetura pós-modernista, que se caracteriza pelo "populismo" de sua intervenção geográfica, em contraposição ao "elitismo" modernista. Denomina-se populismo pós-moderno o respeito pela linguagem vernácula do tecido urbano das cidades, já que não se tenta insurgir como obra-prima em meio ao mau gosto e ao comercialismo do sistema de signos da cidade ao redor. Ao contrário, busca falar exatamente essa linguagem. Funciona mais como uma gíria *bacana* do que a imposição de uma "novilíngua",[11] em uma nova estratégia de intervenção, calcada em uma perspectiva de fechamento, muito bem representada pelo sistema de entradas e saídas do Hotel Bonaventure.

Nesse hotel, as três entradas em nada se parecem com as entradas principais das antigas edificações luxuosas do modernismo. Lembram mais as entradas laterais e de fundos,

11 O idioma fictício criado pelo governo hiperautoritário do clássico *1984*, de George Orwell (2003), desenvolvido pela "condensação" e "remoção" das palavras ou de alguns de seus sentidos, tendo como fim a restrição do ato de pensar e o controle da linguagem para se inibir o surgimento de ideias novas e revolucionárias.

sempre nos levando a um local específico. A entrada do jardim de trás do hotel, por exemplo, nos leva direto ao sexto andar e, uma vez lá, nos faz descer a pé até o elevador que não conduz ao saguão. Uma outra entrada nos leva ao segundo andar do *shopping* anexo. É isso que Jameson chama de uma nova categoria de fechamento, que governa o espaço interno do próprio ambiente na aspiração de ser um espaço-total; um mundo completo, uma espécie de cidade em miniatura - o que podemos chamar de uma *cidade-total.* Em correspondência a esse novo conceito de espaço, temos uma nova prática coletiva segunda a qual os indivíduos se movem e se congregam em uma nova hipermultidão historicamente original. Se levada ao extremo, essa minicidade não deveria nem ter entradas, não deveria existir um fio de ligação entre o edifício e o entorno. Isso porque a *cidade-total* não quer ser parte da cidade, mas seu equivalente - ou, na sublime definição de Baptista (2001), "o espaço onde a cidade desaparece". Sendo isso impossível, a redução das entradas se torna imperativa.

Mas a obra pós-moderna não busca uma cisão violenta com o urbano decaído e desgastado, como na utopia modernista, que visava à transformação do externo pela potência de uma nova linguagem espacial. Era isso que preconizava os edifícios de Le Corbusier e o mundo da via expressa propugnado por Robert Moses em Nova Iorque, que apesar de sua fé fervorosa na tecnologia e na organização social moderna não conseguiu evitar a criação de um mundo em cinzas. Ao contrário do sonho, nos lembra Marshall Berman (1987, p. 290), "o desenvolvimento da modernidade transformou a própria cidade moderna em um elemento antiquado e obsoleto".

Obras pós-modernas como o Bonaventure deixam o tecido urbano ao redor degradado, já que não tem um projeto de transformação política.[12] O revestimento externo de vidro repele a cidade e, como os óculos de sol ou as películas escuras dos automóveis, nos permite uma certa distorção peculiar e deslocada do que está ao redor. Funciona não exatamente como o exterior de um prédio, mas como imagens distorcidas de tudo que o circunda. Lá dentro, escadas rolantes e elevadores são responsáveis pela excitação e o espetacular. Esses "movedores de pessoas" substituem o próprio movimento, funcionando como os seus sinais reflexivos. É o significante alegórico do passeio a pé dos bulevares do século XIX, onde se dava, pelo menos em tese, o encontro de todas as classes, em um turbilhão de contatos e experiências, cuja finalidade essencial era a sociabilidade. Um vai e vem de pessoas para verem e serem vistas, com a comunicação de suas visões como um fim em si mesmo.

Como afere Berman:

> *Sua comunicação e a mensagem da rua como um todo são uma estranha mistura de fantasia e realidade: de um lado, a rua age como um cenário para as fantasias das pessoas, fantasias daquilo que elas querem ser; de outro, a rua oferece o conhecimento verdadeiro – para os capazes de decodificá-la – daquilo que as pessoas verdadeiramente são.* (1987, p. 290)

Na *cidade-total* pós-moderna, os elevadores e as escadas rolantes, apesar da aparente complementaridade,

•••••••••••••••

12 Como afirma Sarlo (1997, p. 16), os *shoppings* (um tipo de cidade-total) têm "uma relação *indiferente* com a cidade à sua volta".

funcionam como opostos dialéticos propiciando uma experiência espacial diversa. Enquanto que os últimos fazem a circulação interna, os primeiros têm também a função de "janelas" sobre a cidade externa, que é transformada em imagem de si mesma. São obras não exatamente para serem olhadas, mas para olhar - conformar uma visão. Internamente, outra importante característica do Bonaventure é a marginalização dos quartos do hotel e a assimetria das quatro torres, que produz, na expressão de Jameson, uma brutal experiência de desorientação espacial na circulação interna, que se denota na dificuldade de encontrar as lojas, quase sempre vazias e com preços promocionais. Portman, o artista-capitalista ou mega-artesão do pós-moderno, conseguiu ultrapassar a capacidade do corpo humano em se localizar, de organizar perceptivamente o espaço circundante e de mapear cognitivamente sua posição em um mundo exterior mapeável.

O Bonaventure, objeto matriz analisado por Jameson, que identifico aqui como um exemplo de *cidade-total* pós-moderna, é um símbolo da nossa incapacidade atual de mapear a enorme rede global transnacional de comunicação descentrada, na qual nos encontramos presos como sujeitos individuais - portanto, sujeitos não coletivos. A *cidade-total* é um dos instrumentos produtores de uma nova subjetividade, uma das agências que criam e recriam necessidades, relações sociais, o corpo e a mente. São portos materiais que integram o novo espaço social (substituto do antigo espaço público) fixado pelo espaço da comunicação, por essa importante indústria pós-moderna.

> *Elas não apenas organizam a produção em uma nova escala e impõem uma nova estrutura adequada ao espaço global, mas também tornam imanente sua justificação. O poder, enquanto produz, organiza; enquanto organiza, fala e se expressa como autoridade. A linguagem, à medida que comunica, produz mercadorias, mas, além disso, cria subjetividades, põe umas em relação às outras, e ordena-as. As indústrias de comunicação integram o imaginário e o simbólico dentro do tecido biopolítico, não simplesmente colocando-os a serviço do poder, mas integrando-os, de fato, em seu próprio funcionamento.* (NEGRI; HARDT, 2001, p. 52)

Pela capacidade de autovalidação, de produzir uma legitimidade que não repousa em nada fora de si, essas indústrias funcionam de forma sistêmica, colocando em cheque os muitos relatos pós-modernistas que comemoraram o fim das macronarrativas. O conjunto de cidades-totais espalhado pelo mundo é, justamente, a realização empírica dessa engrenagem: São os lares *desterritorializados* do capital, a reificação de uma arquitetura "onde nada é sujo ou morre", produtores de um espaço próprio para a sacralização do mercado. A metáfora de Beatriz Sarlo, citada por Baptista (2001, p. 201), do *shopping-center* como uma nave espacial, sintetiza o significado político das cidades-totais:

> *Na construção caída do céu nada morre, ninguém sofre, nada parece sujo ou podre, ninguém se depara com o absurdo; o tempo passa sem qualidades, fixando ao presente prometendo eternidade. Do lado de fora parece não existir absolutamente coisa alguma. Nos caminhos deste paraíso urbano do tempo sem surpresas a felicidade é prometida na assepsia dos cheiros,*

nas prateleiras das lojas, ressaltando a estreita determinação entre escolha e liberdade.

Ao se configurar como o lugar em que se é feliz se esquecendo, a utopia da cidade-total realiza uma das tarefas da pós-modernidade: A da constituição de um eterno presente pela "dinâmica de um mercado que agora reorganiza o espaço em termos de um valor idêntico" (JAMESON, 1997, p. 39) que visa frustrar qualquer projeto de transformação. Como será reforçado no próximo capítulo, aí está o sentido de "fim da História": O de criar a prisão do tempo no espaço pela liberação frenética das imagens.

> *O que começamos a perceber agora, portanto – e o que começa a aparecer como uma constituição mais profunda e mais fundamental da pós-modernidade, ao menos em sua dimensão temporal –, é que, doravante, quando tudo se submete à mudança perpétua das imagens da moda e da mídia, nada mais pode mudar.* (JAMESON, 1997, p. 32)

Será?

IV. ESPAÇO E TEMPO DA GLOBALIZAÇÃO

Se o tempo foi, com efeito, reduzido à violência mais pontual e à mínima mudança irreparável de uma morte abstrata, então possamos talvez afirmar que no pós-modernismo o tempo, de alguma forma, tornou-se espaço.

Jameson

Se no modernismo as máquinas proporcionavam o movimento, no pós-modernismo as próprias máquinas estão em movimento. Tal fenômeno, como nos indica Milton Santos (1997, p. 16), é próprio de uma época em "que o natural cede lugar ao artefato e a racionalidade triunfante se revela através da natureza instrumentalizada"; e essa, agora domesticada, nos é apresentada como algo sobrenatural.

É por isso que Fredric Jameson afirma que estamos vivendo um período no qual a questão espacial se sobrepõe à questão temporal, em que o espaço ganha assim uma originalidade tal que o entendimento desse não pode prescindir da evolução do nosso sistema perceptivo. Levando em conta o que prescreveu Gaston Bachelard,[13] de que "mesmo o pensamento mais humilde aparece como uma preparação à teoria quando, através do registro da experiência, busca, no mundo científico, uma verificação", Santos vai defender como requisito básico para o

13 *Apud* SANTOS, M. 1997, p. 10.

desenvolvimento do nosso sistema perceptivo a consideração desse novo espaço como um "meio técnico-científico" - que ele denomina como uma resposta geográfica ao processo de globalização, com a qual, da mesma forma que Jameson, procura restituir uma perspectiva de totalidade nas elaborações mentais sobre o atual processo histórico.

O mundo, segundo o geógrafo, é a soma/síntese do espaço e tempo; entendendo por espaço o meio - o lugar material da possibilidade dos eventos e lugares - e por tempo o transcurso - a sucessão dos eventos e sua trama. Para tanto, na reconquista do espaço pela mente humana, Milton Santos situa a história como instrumento indispensável, já que é ela quem nos instrui sobre o significado das coisas. Mas, adverte, não uma história qualquer: "É preciso reconstruí-la, para incorporar novas realidades e novas ideias ou, em outras palavras, para levarmos em conta o Tempo que passa e que tudo muda" (SANTOS, M. 1997, p. 15).

Além disso, deve-se destacar, como nos ensina Maria Ciavatta que:

> *Quando falamos em aproximação da realidade através da reconstrução histórica, duas questões preliminares estão postas: Primeiro, recusamos, nós também, todo dogmatismo e as concepções evolucionistas da história; segundo, recusamos toda visão cética e fragmentária do mundo e o relativismo como ponto de partida. Aos sistemas explicativos fechados ou funcionais, a uma visão fragmentada da realidade propomos a busca das articulações que explicam os nexos e significados do real e levam à construção de totalidades sociais, relativas a determinados objetos de estudo.* (2001, p. 132)

Na perspectiva teórica de Milton Santos, a história do homem sobre a Terra é a história de uma rotura progressiva entre o homem e o seu entorno.

> *No começo dos tempos históricos, cada grupo humano construía seu espaço de vida com as técnicas que inventava para tirar do seu pedaço de natureza os elementos indispensáveis à sua própria sobrevivência. Organizando a produção, organizava a vida social e organizava o espaço, na medida de suas próprias forças, necessidades e desejos. A cada constelação de recursos correspondia um modelo particular. Pouco a pouco esse esquema foi se desfazendo: As necessidades de um comércio entre coletividades introduziam nexos novos e também desejos e necessidades, e a organização da sociedade e do espaço tinha de se fazer segundo parâmetros estranhos às necessidades íntimas ao grupo. Essa evolução culmina, na fase atual, onde a economia se tornou mundializada, e todas as sociedades terminaram por adotar, de forma mais ou menos total, de maneira mais ou menos explícita, um modelo técnico único que se sobrepõe à multiplicidade de recursos naturais e humanos.* (SANTOS, M. 1997, p. 18)

Nessas condições, o planeta tem a natureza unificada, com suas frações postas ao alcance dos mais diversos capitais, em uma escala mundial correspondente a uma lógica também mundial, que guia os investimentos, a circulação das riquezas e a distribuição de mercadorias. Cada local, porém, torna-se um ponto de encontro de lógicas que trabalham em escalas diversas, que revelam níveis diversos, às vezes contrastantes, na incessante busca do lucro através das novas tecnologias do capital e do trabalho. Os lugares são definidos:

> *Como pontos de encontro de interesses longínquos e próximos, mundiais ou locais, manifestados segundo uma gama de classificações que está se ampliando e mudando.* (SANTOS, M. 1997, p. 19).

Se a natureza foi una durante séculos, mesmo que socialmente fragmentada, agora ela é unificada pela história em benefício de firmas, Estados e grupos hegemônicos. Importante é perceber que o espaço se globaliza, mas não como um todo, senão como metáfora. Considerando que todos os espaços sempre foram mundiais (isto é, do mundo), vemos que quem se globaliza mesmo são as pessoas e os lugares, que se estratificam em: a) Temporalidades hegemônicas, vetor da ação dos agentes hegemônicos da economia, da política e da cultura; b) Temporalidades não hegemônicas, dos atores hegemonizados pelos primeiros.

No espaço, argumenta Milton Santos, essas temporalidades se arraigam em determinadas partes do território, que se divide entre as zonas mistas ou "sombrias" dos hegemonizados e as ilhas de atualização (*upgrade*) ou "luminosas", que são os lócus das atividades de produção e trocas de alto nível – por isso consideradas mundiais, já que são aí que se instalam as forças que regulam a ação em outros lugares. Esse espaço é, ainda, formado por duas esferas: a) A tecnoesfera, resultante da artificialização crescente do mundo; b) A psicoesfera, resultado crescente das crenças, vontades, hábitos e desejos da inspiração dos comportamentos práticos e filosóficos, que regulam as relações interpessoais com o universal.

Nesse meio técnico-científico, a psicoesfera é muito mais presente, sendo o ambiente em que se dá o processo real da globalização, instituindo de forma ampla sua racionalidade através da matematização do espaço e da vida social, instaurando a tirania do mercado e a impotência política - que pode ser flagrada pelo suposto enfraquecimento dos estados nacionais e o fortalecimento das cidades internacionais imbricadas na rede do "supraEstado" das corporações financeiras e midiáticas. Essas cidades internacionais são alinhadas por suas capacidades de competir umas com as outras pela atração das atividades consideradas fundamentais para a fluidez que o mercado mundial necessita. Se no modernismo as cidades se voltavam para o "progresso", no pós-modernismo é a lógica da competitividade que impera.[14] A diferença é que o primeiro conceito ainda portava um preceito moral, um fim teleológico.

> *Mas a busca da competitividade, tal como apresentada por seus defensores [...] parece bastar-se a si mesma, não necessita de qualquer justificativa ética, como, aliás, qualquer outra forma de violência. A competitividade é um outro nome para a guerra, dessa vez uma guerra planetária, conduzida na prática, pelas multinacionais, as chancelarias, a burocracia internacional, e com o apoio, às vezes ostensivo, de intelectuais de dentro da Universidade.* (SANTOS, M. 1997, p. 35)

Nesse sentido, o atual processo de globalização, em aparente contradição com a apologia do multiculturalismo e do fragmentário, repete as antigas tentativas de construção de

•••••••••••••••

14 Em empreendimentos como as cidades-totais, "a cidadania se constitui como mercado e, por isso, os shoppings podem ser vistos como os monumentos de um novo civismo: agora, templo e mercado como nos foros da velha Itália romana" (SARLO, 1997, p. 18).

"um mundo só". O objetivo é o mesmo: Unificar, não unir. Não há tentativa de constituição de um sistema de relações, em benefício do maior número; mas a instituição de um sistema de relações hierárquico, que visa à perpetuação de um subsistema de dominação sobre outros subsistemas, que só beneficia alguns poucos. Federação pela competição (e não pela cooperação), com a dimensão do mercado e suas organizações ditas mundiais.

Como Jameson (1996), Milton Santos também afirma o domínio do tempo pelo espaço, considerando esse não como simples materialidade, mas como o teatro obrigatório da ação. O espaço, assim entendido, não é um simples produto da técnica, mas da política como ação que dá sentido à materialidade. O processo "inexorável" de globalização é percebido aqui como ideologia da impotência, no sentido esboçado por Zizek (1996), de que eles (os políticos) sabem o que fazem e, mesmo assim, não deixam de fazê-lo. Como demonstram Martin e Schumann:

> *Foi por ação política e legislação direcionada, da parte de governos democraticamente eleitos, que se desenvolveu o sistema econômico hoje independente chamado de "mercado financeiro global", ao qual os cientistas políticos e economistas já atribuem o caráter de um poder superior.* (MARTIN; SCHUMANN, 1998, p. 72)

Na perspectiva desses autores, mais do que por ideologia, "pop modernismo", cooperação internacional e ecologia, as nações do mundo estão interligadas pela máquina de dinheiro dos bancos, seguradoras e fundos de investimento.

Ao compreender o espaço globalizado como um produto político, o geógrafo Milton Santos (1997) procura estabelecer a refundação da sua disciplina para que essa se torne um instrumento eficaz, teórico e prático, para a refundação do próprio planeta. Sua análise pessimista, lembrando uma das pertinentes lições gramscianas (MANACORDA, 2008). Transforma-se assim em uma importante base teórica para uma ação positiva para além das atopias que acreditavam na inexorabilidade histórica antes do desencantamento promovido pelo discurso pós-moderno. Para a constituição desse instrumento, assim como para o atendimento dos objetivos deste livro, torna-se imprescindível entender esse importante fenômeno, que é o processo de recriação da geografia pela política.

V. A RECRIAÇÃO DA GEOGRAFIA PELA POLÍTICA

Não existe beleza na miséria
E nem tem volta por aqui.
Vamos tentar outro caminho.
Estamos em perigo,
Só que ainda não entendo
É que tudo faz sentido

Legião Urbana[15]

De acordo com Milton Santos (1997), se temos como princípio que tempo, espaço e mundo são realidades constituídas historicamente, só é possível o seu entendimento se fizermos uma reconstrução intelectual em termos de sistemas, como instâncias mutuamente conversíveis.

Como já posto, o geógrafo brasileiro vê o mundo como a soma/síntese do espaço e do tempo: Entendendo por espaço, o meio, o lugar material da possibilidade dos eventos e lugares; e por tempo, o transcurso, a sucessão dos eventos e sua trama. Isso significa que os dois mudam conjuntamente, mas nem todas as formas de percepção acompanham as transformações – o que acaba por instituir temporalidades diferentes para uma mesma mudança do mundo (a soma espaço-tempo). É aí que surgem as temporalidades hegemônicas (no qual se processa a ação dos atores hegemônicos) e as temporalidades hegemonizadas

15 Legião Urbana. L'âge d'or. *V.* EMI, 1995.

(no qual se desenvolvem as estratégias de resistência ou cooptação dos atores não hegemônicos). Como assim?

Grupos, instituições e indivíduos podem conviver em um mesmo espaço geográfico (cidade, estado, continente ou planeta), mas sem praticar os mesmos tempos. Há ainda, vale lembrar, o tempo universal, que abrange os outros tempos e valoriza de forma diferente o espaço banal de acordo com a força dos agentes da economia, sociedade, política e cultura.

O território é, justamente, uma superposição de sistemas de engenharia diretamente datados e usados segundo tempos diversos; as estradas, ruas e logradouros não são percorridos igualmente por todos. Existem ritmos diferentes para cada ator. Surgem assim os conflitos: Entre os tempos hegemônicos das grandes organizações e os seus Estados; entre os Estados hegemônicos e os não hegemônicos etc. Esses conflitos, a partir do uso do espaço e do tempo, é que definem a diversidade dos cotidianos.

Chegamos a um momento histórico no qual o processo de racionalização da sociedade atingiu por completo o próprio território e esse passa a ser um instrumento primordial da racionalidade social. Isso nos permite entender de que forma os espaços hegemônicos instalam-se como o lugar da produção e das trocas de interesse mundial, sendo locais, em que se institui as forças reguladoras da ação dos lugares restantes – o que acaba por unificar os lugares e tempos diversos, de forma hierárquica, no que chamamos de um espaço-tempo mundial.

As características desse processo, segundo Milton Santos (1997, p. 50), são as seguintes: a) Transformação dos territórios nacionais em espaços nacionais da economia internacional; b) Exacerbação das especializações produtivas no nível do espaço; c) Concentração da produção em unidades menores, com o aumento da relação entre produto e superfície; d) Aceleração de todas as formas de circulação e seu papel crescente na regulação das atividades localizadas, com o fortalecimento da divisão territorial e da divisão social do trabalho e a dependência deste em relação às formas espaciais e às normas sociais (jurídicas e outras) em todos os escalões; e) Produtividade espacial como dado na escolha das localizações; f) Recorte horizontal e vertical dos territórios; g) Instituição de um novo papel da organização e dos processos de regulação na constituição das regiões; h) Tensão crescente entre localidade e globalidade à proporção que avança o processo de globalização.

A recriação da geografia, portanto, continua desigual, mas de uma outra forma e com outros efeitos. A nova forma se dá com a criação de áreas densas (zonas de luminosidade), áreas praticamente vazias (zonas opacas) e uma infinidade de áreas intermediárias. Já em relação aos efeitos, trata-se da composição qualitativa e quantitativa do espaço, na contingência dos aportes de ciência, tecnologia e informação. O espaço global é formado por redes desiguais emaranhadas em escalas e níveis diferentes, que se sobrepõem e se prolongam umas sobre as outras. O todo (o espaço de todos os homens, ações, firmas e organizações) é o espaço banal.

> *Mas só os atores hegemônicos se servem de toda as redes e utilizam todos os territórios. Eis porque os territórios nacionais se transformam num espaço*

> *nacional da economia internacional e os sistemas de engenharia criados em cada país podem ser mais bem utilizados por firmas transnacionais do que pela própria sociedade nacional.* (SANTOS, M. 1997, p. 53)

Nesse sistema, em que desaparecem as distâncias, o papel da informação é mais do que fundamental, já que seus fluxos são responsáveis pelas novas hierarquias e polarizações, substituindo os fluxos materiais como organizadores dos sistemas urbanos e da dinâmica social (um exemplo da imbricação entre cultura e economia, no qual falava Fredric Jameson). A antiga divisão dos espaços em regiões dá lugar a uma outra situação, que se produz pelos vetores de modernidade e regulação, que são as horizontalidades (a base de todos os cotidianos) e as verticalidades (que agrupam áreas ou pontos a serviço dos atores hegemônicos). É a dissociação geográfica entre produção, controle e consumo que separa as escalas da ação e do ator. Esse é o nosso novo mundo, transportado pelas firmas transnacionais.

E a história desse novo mundo da liberdade do capital começa no fim da 2ª Guerra Mundial, em 1944, com a criação, na Conferência de Bretton Woods, do atual sistema monetário e financeiro internacional,[16] e na reconstrução do pós-guerra, em 1948, quando estabeleceram, pelos Estados Unidos e Europa Ocidental, o "Acordo Geral de

16 "Baseado no padrão ouro-divisas, o sistema deu à moeda norte-americana *status* de moeda internacional (a onça de ouro teve a taxa de câmbio fixada em US$ 35) e legitimou os Estados Unidos como potência hegemônica no mundo. A conferência produziu uma ata, com as novas regras do sistema, e dois anexos: Um criando o Fundo Monetário Internacional; outro, o Banco Mundial (Bird)" (LOPES, 1993, p. 23).

Tarifas e Comércio" (GATT), que estruturou um regime comum e internacional de comércio.

O propósito central de Bretton Woods foi a criação de um sistema para o financiamento da acumulação capitalista, através da regulação da liquidez internacional. Por outro lado, as oito rodadas posteriores do GATT foram organizadas para produzir uma contínua redução de tarifas aduaneiras. Essa liberdade comercial teve como efeito a maior rapidez do crescimento do intercâmbio de bens e serviços do que o crescimento da produção. A crença dos cidadãos dos países industrializados de que esse intercâmbio crescente ocorria em concomitância com o aumento do bem-estar social, no mesmo período de construção do *Welfare State*, pôde ser referendada durante muito tempo. Porém, no final dos anos 1970, aconteceu a reviravolta na política econômica dos Estados Unidos e da Europa Ocidental que transformou a economia mundial.[17]

Até então, as regras estavam baseadas nos princípios de John Maynard Keynes, que com a resposta à catástrofe econômica do pós-guerra, instituía o Estado como o investidor financeiro primordial das economias nacionais, com suas intervenções para a correção do processo sempre que o mercado propiciasse problemas, como o subemprego ou a deflação, por exemplo. Posteriormente, com a economia aquecida, o Estado compensava o endividamento público com o aumento das receitas tributárias, prevenindo assim os excessos de consumo e inflação. Com as crises do petróleo, em 1973 e 1979:

17 Sobre as origens dessa reviravolta, ver Finkielkraut (1982).

> *Esse esquema começou a balançar. Em muitos casos os governos já não conseguiam controlar o déficit público e a inflação. As taxas de câmbio estáveis para as moedas fortes já não mais podiam ser mantidas.* (MARTIN; SCHUMANN, 1998, p. 153)

A liquidez internacional provocada pelos petrodólares e a preponderância do sistema financeiro promove "a *transnacionalização produtiva*, com os grandes bancos passando a desempenhar o papel de bússola do sistema" (LOPES, 1993, p. 29). Com as vitórias eleitorais dos partidos políticos conservadores na Grã-Bretanha, em 1979, e nos Estados Unidos, em 1980, novos dogmas da política econômica foram eriçados, baseados nas concepções de Milton Friedman (conselheiro do governo Ronald Reagan) e de Friedrich August von Hayeck (mentor do governo Margareth Thatcher). Ao Estado caberia agora o papel de preservador da ordem política e econômica. A ideia era de que quanto mais livres as empresas privadas estivessem para investir e atuar, maior seria o crescimento e a prosperidade de todos.

Foram essas premissas que moldaram as políticas econômicas de grande parte dos governos nas décadas de 1980 e 1990, todos engajados na luta pela ampliação da liberdade do capital, pela abolição do controle sobre o mesmo e, ainda, pela restrição da autoridade estatal. Os países que não seguissem o mesmo rumo deveriam ser "convencidos" por vários meios de pressão, principalmente sanções comerciais. Desregulamentação, liberalização e privatização tornaram-se instrumentos estratégicos do programa neoliberal proscrito como ideologia de Estado. Foi a mitificação da lei da oferta e da procura como princípio regulador sofisticado, o que fez da ampliação comercial um fim em si mesmo, representando a intervenção mais radical na estrutura econômica dos sistemas democráticos.

> *Não demorou a ficar evidente quem no futuro arcaria com o risco do livre mercado. Particularmente nos setores de demanda intensiva de trabalho, que ainda empregava muita mão de obra pouco qualificada, as empresas de todos os tamanhos foram confrontadas com a concorrência de países de baixos salários. Na Europa Ocidental e nos EUA, a fabricação de móveis, tecidos, calçados, relógios ou brinquedos só era compensadora se grande parte da produção pudesse ser automatizada ou então deslocada para o Exterior. Simultaneamente, pela primeira vez um novo país industrializado invadiu a falange dos velhos líderes do mercado mundial: O Japão, com seus preços baixos, colocou o restante da indústria sob pressão.* (MARTIN; SCHUMANN, 1998, p. 154)

A reação inicial do Ocidente foi a imposição de tarifas de proteção e os acordos multilaterais para restringir as importações. Mas os incentivadores do livre comércio conseguiram a validade transitória da maioria das medidas. A produção em massa com intensivo emprego da mão de obra foi então abandonada. Voltou-se para a produção em setores *high tech* e de serviços, com a perspectiva de que tais investimentos pudessem recuperar as perdas sofridas pela concorrência internacional e pela automação. Mas essa esperança não se cumpriu e a promessa *ricardiana* dos arautos do mercado (de que o intercâmbio irrestrito de bens para além das fronteiras aumentaria a riqueza das nações, assim como promoveria a universalização do progresso e do bem-estar) não podia mais ser cumprida no mundo da globalização; devido, entre outros fatores, à dissociação geográfica entre produção, controle e consumo.

> *Nada atualmente é mais móvel do que o capital. Investimentos internacionais agora dirigem os fluxos comerciais. Transferências de bilhões à velocidade da luz determinam as taxas de câmbio, bem como o poder internacional de compra de um país e de sua moeda. Diferenças relativas de custos deixaram de ser a força motriz dos negócios. O que conta agora é a vantagem absoluta em todos os mercados e países, simultaneamente. (MARTIN; SCHUMANN, 1998, pp. 156-157)*

Abraham Lincoln, décimo sexto presidente dos Estados Unidos, já avisava no século XIX:

> *Basta abolir as taxas alfandegárias e apoiar o comércio livre, que também nossos trabalhadores, em todos os setores da economia, serão degradados a servos e miseráveis.* (*apud* MARTIN; SCHUMANN, 1998, p. 137)

E o resultado parece não ser outro: Nos países do primeiro mundo, a ameaça de desmonte do Estado de Bem-Estar na Europa Ocidental e o aumento da desigualdade nos Estados Unidos, principalmente nos anos do governo Ronald Reagan; e para a grande maioria dos 7 bilhões de seres humanos desse planeta, que estão nos países não desenvolvidos, a globalização não passa de uma fábula perversa. De acordo com a jornalista Adriana Wilner, o novo mapa do capital define linhas bem diferentes das que foram traçadas nos discursos da globalização:

> *O que se observa é que a viagem cada vez mais veloz de recursos tem como destino o bolso de poucos. [...] O clube dos bem-afortunados é cada vez mais seleto. Em 1960, os 20% mais ricos da Terra possuíam o equivalente a 30 vezes o quinhão dos 20% mais pobres. A diferença dobrou. Hoje, é de 61 vezes. A Nova Ordem Mundial se sustenta nas velhas desigualdades entre os habitantes, assim como nas velhas distinções entre classes de países. Os caciques da aldeia global são os 23 países desenvolvidos, que concentram nada menos que 80% do Produto Interno Bruto (PIB) do globo, US$ 20,5 trilhões, mas onde moram apenas 15% da população: Estados Unidos, Canadá, países da Europa Ocidental, Austrália, Japão e Nova Zelândia. Neste grupo exclusivo, a renda* per capita *média é de US$ 24 mil. Nos outros 162 países, US$ 1 mil.* (*apud* OLIVEIRA, 2002, p. 66)

Além da desigualdade material, outros efeitos percebidos são: Aumento da violência, da economia informal e ilegal, do tráfico de drogas e do terror, do empobrecimento cultural e moral.

> *Este mundo de final de século, que convida a todos para o banquete, mas fecha a porta no nariz das maiorias, é ao mesmo tempo igualador e desigual. Nunca o mundo foi tão desigual nas oportunidades que oferece, mas tampouco foi tão igualador nas ideias e nos costumes que impõe. A igualação obrigatória, que atua contra a diversidade cultural do bicho humano, impõe um totalitarismo simétrico ao totalitarismo da desigualdade da economia, imposto pelo Banco Mundial, pelo Fundo Monetário Internacional e outros fundamentalistas da liberdade do dinheiro. No mundo sem alma que nos obrigam a aceitar como consumidores; não há nações, há empresas; não há cidade, há aglomerações; não há relações humanas, há relações mercantis.* (GALEANO, 1996, p. 16)

Pergunta de um ex-presidente de uma recém findada nação: "Será que o mundo se transformará em um imenso Brasil, em países cheios de desigualdades e com guetos para as elites ricas?".[18] Contrariando as impressões "negativas" de Lima Barreto,[19] a elite burguesa brasileira deve estar orgulhosa em servir de parâmetro para o novo mundo nascente. É a sociedade partida (a *Belíndia*!) em esfera mundial, na difusão do modelo social terceiro-mundista, com a liderança dos Estados Unidos e seus grandes empresários na estratégia fatal de:

> *Resistir ao contrato social que a luta de classes realizou em outros lugares. Cada vez mais, a produção pode ser levada para áreas de baixos salários e direcionada aos setores privilegiados na economia global.* (CHOMSKY, 1996, p. 227)

O que vem tornando grande parte da população mundial supérfluas para a produção.

Dessa forma, observa-se que a globalização não se resume ao imperialismo cultural norte-americano apenas no setor de entretenimento. Como superpotência da cultura de massas, os Estados Unidos não só determinam o circo, como também distribuem o pão.

A unificação desse mundo globalizado de temporalidades diferentes, por isso já fracionado, dá-se por intermédio das *redes* sociais – os vetores da pós-modernidade. Elas são

18 Palavras de Mikhail Gorbachev, no Fairmont Hotel em São Francisco (Martin; Schumann, 1998, p. 229).

19 "... a nossa burguesia republicana é a mais inepta de todas as burguesias" (*apud* Jaguaribe, 1998, p. 136).

os veículos da ordem, portadores da regulação dos atores hegemônicos em escala planetária. São também portadores da desordem, por servirem às afirmações locais da temporalidade hegemônica. São essas redes que se materializam nas denominadas cidades-totais (os *nós* do sistema), da qual o Hotel Bonaventure analisado por Jameson é um exemplo.

Vale ressaltar que, geralmente, essas cidades-totais se localizam dentro das cidades internacionais, os novos espaços da hegemonia (SANTOS, M. 1997), e que as cidades internacionais não cumprem necessariamente as mesmas funções das antigas metrópoles da era moderna. As cidades médias do meio rural vêm se destacando nesse campo, não só pelos efeitos da Revolução Verde (isto é, a industrialização da agricultura), como também pelas novas características da produção "pós-industrial". Entretanto, as antigas metrópoles permanecem como centro da ação dos atores hegemônicos nos países mais desenvolvidos, abrigando grande parte das cidades-totais.

Já nos países de médio e baixo desenvolvimento, as grandes metrópoles são transformadas em cidades internacionais submissas com a instauração das cidades-totais como fenômeno recente e propício para a ampliação do fluxo mundial da informação e, consequentemente, sua efetiva inserção submissa no comércio global. Se recordarmos a divisão espacial de Milton Santos em áreas luminosas e sombrias, podemos visualizar o planeta composto por cidades "solares" e "lunares". As primeiras seriam as megalópoles dos países ricos, que como sedes das corporações financeiras transnacionais, teriam luz própria. Já as cidades lunares seriam as cidades internacionais subdesenvolvidas, refletoras da luz solar - ou seja, dos interesses do "interEstado" do mercado livre. Isso ocorre porque:

> *A idade das variáveis em cada lugar termina sendo medida como referência a fatores externos, sobretudo nos países subdesenvolvidos, onde a história da produção é intimamente ligada à criação, nos países do centro, de novas formas de produzir.* (SANTOS, M. 1997, p. 62)

Mas a técnica (e a história do seu desenvolvimento) por si só não explica tudo; denota-se a relevância de outros fatores, como: As formas organizativas, as formas de comércio e as formas de previsão. Segundo Milton Santos, esses são os dados essenciais para a explicação da rentabilidade das empresas, o que por sua vez depende do poder que elas possuem. E que poder é esse?

> *O poder econômico da firma seria dado exclusivamente pela maior ou menor capacidade de combinar eficazmente os fatores da produção de que dispõe, de um ponto de vista eminentemente técnico, o que concerne à produção imediata. Na verdade, a força da firma vem, hoje, muito mais da sua capacidade de modificar, no momento hábil, regras do jogo econômico, em sua própria área de atividade e em função dos seus interesses emergentes.* (SANTOS, M. 1997, p. 63)

Existe, assim, um processo político da produção que atravessa o processo direto da produção (afinal, a etimologia da palavra economia já permitia tal interpretação: *Oikonomía* = governo da casa). Tal fato demanda uma explicação sistêmica que leva em conta o estudo das técnicas incurso nas relações sociais, que podem indicar como, em diferentes ambientes, as técnicas (ou um conjunto semelhante delas) atribuem resultados diversos aos seus portadores de acordo com combinações que vão além do processo produtivo *per si*.

O pensar sistêmico sobre um real processo político da produção não prescinde, portanto, da História. No estudo do urbano, por exemplo, Milton Santos (1997) lamenta o abandono da história das cidades. Não mais ensinamos como as cidades se criam, apenas criticamos o seu presente. Além disso, confunde-se a história do urbano (o abstrato, o geral, o externo) com a da cidade (o particular, o concreto, o interno). Com a primeira temos a história das atividades realizadas na cidade: emprego, classes, divisão do trabalho, a história da socialização etc. Com a segunda temos a história dos transportes, da propriedade, da especulação, da habitação etc. O conjunto das duas formaria, entre outras, "a teoria da cidade", cujo estudo exige a articulação do conceito de espaço, que sendo uma categoria histórica, muda de acordo com as variáveis no curso do tempo.

Hoje, apesar de muitos acordarem sobre o papel da ciência e da tecnologia como dados fundamentais, têm sido poucos os olhares sobre as relações entre esses fatores e a reorganização do espaço. A tarefa de se entender a lógica espacial das sociedades, na perspectiva do geógrafo brasileiro, depende fundamentalmente da demarcação do papel da ciência, da tecnologia e da informação, devido à tendência de transformação do meio geográfico num meio técnico-científico. Milton Santos vai traçar, assim, uma distinção básica sobre as cidades na pós-modernidade: Entre as metrópoles dos países desenvolvidos e a dos países subdesenvolvidos.

As primeiras têm uma trajetória "tradicional", que acompanha o percurso tempo-espacial do modernismo para o pós-modernismo: Nascem, tornam-se lentamente metrópole e, em seguida, necrópole. Já as cidades do "terceiro mundo" crescem rapidamente e logo se tornam necrópoles – quando já não nascem necrosadas. No estudo sobre as descontinuidades desse espaço global é que podemos ler o texto silencioso da perpetuação de antigas e da criação de novas estruturas de dominação, exploração e indiferença.

Ao destacar, no capítulo a seguir, um exemplo de cidade-total de um espaço em que a temporalidade predominante é a dos hegemonizados, pretendo corroborar as considerações que Milton Santos faz sobre a configuração de um mundo global unificado e hierárquico, cujo entendimento, como já indicava Jameson, não dispensa um olhar que leve em conta a totalidade sistêmica da lógica do capitalismo tardio; na qual a disjunção entre o que é econômico e o que é cultural já não é mais possível.

VI. UMA CIDADE-TOTAL DO TEMPO HEGEMONIZADO

O Brasil é uma república federativa cheia de árvores e gente dizendo adeus.
E depois todos morrem.

Oswald de Andrade

No dia 8 de outubro de 1995, a cidade de São Paulo ganhou o seu mais novo "prédio inteligente", com a inauguração do World Trade Center (WTC) à margem do Rio Pinheiros, na avenida das Nações Unidas, Brooklin Novo, Zona Sul. Mais do que um prédio inteligente, o WTC, cuja construção foi iniciada em meados de 1992, é a união inédita de três equipamentos distintos em um só empreendimento: Escritórios, *shopping-center* e hotel.

> *Tudo isso funcionando de forma integrada e cada um gerando movimento para o outro. O exemplo mais conhecido no mundo desse tipo de integração é fornecido pelo OMNI, de Miami.* (ABRAPP, 1991, p. 3)

Como saudou um diário paulista,[20] a inauguração da obra marcou a chegada da globalização ao mercado imobiliário brasileiro. A suntuosidade, não só do WTC, mas do próprio bairro corrobora a notícia. Antes uma área de

20 SP ganha hoje novo "prédio inteligente", em: *Folha de São Paulo*, Imóveis. São Paulo, 08 de outubro de 1995, pp. 3-9.

caráter residencial, aquela parte da Zona Sul paulista está sendo beneficiada por grandes intervenções urbanas, devido à degradação das zonas centrais de São Paulo. Enquanto a Marginal Pinheiros pode ser considerada "uma das áreas de mais rápida valorização e endereço de algumas das maiores corporações do país" (ABRAPP, 1991, p. 1), o centro da cidade é hoje "o que há mais decadente em São Paulo. [...] É uma área que está sendo liquidada e que deve começar a sofrer uma intervenção para que daqui a uns dez anos esteja recuperada". Esta é a opinião de Pedro Cury, então presidente do Instituto dos Arquitetos do Brasil (IAB), que em 1996 promoveu, junto com a Prefeitura de São Paulo, um concurso para a renovação da área "mais deteriorada da cidade".[21]

Ressalta-se, no entanto, que o deslocamento do centro para outras áreas não implica na concretização da promessa de revalorização das áreas antigas. Segundo Nelson Brissac Peixoto, a cidade de São Paulo, vista como sintoma da questão urbana dos países não desenvolvidos, tem como característica uma arquitetura do apagamento, de destruição contínua e reconstrução incessante dos mesmos espaços – movimento próprio do pós-modernismo.

> *São Paulo lida mal com o que foi. Esses espaços trazem a marca do apagamento tanto quanto o indício do que foi a cidade. As pegadas, os rastros, são continuamente soterrados, incessantemente destruídos. [...] O que as intervenções fazem é aflorar*

21 AGOSTINHO, Victor. Concurso quer recuperar área central. *Folha de São Paulo*, Cotidiano. São Paulo, 13 de dezembro de 1996, pp. 3-6.

esse trabalho inconsciente de ocultar, de negar o seu passado. São Paulo é uma cidade voltada para o esquecimento, para o autoesquecimento.[22]

Além do próprio WTC (um investimento de mais de US$ 100 milhões, com a previsão de valer, após a obra concluída, US$ 209, 2 milhões), o fato do Brooklin Novo comportar o maior e mais caro imóvel da cidade é um outro indício de que o esvaziamento do Centro está motivando a transformação daquele bairro[23] – em um processo similar ao que aconteceu com a Barra da Tijuca, na cidade do Rio de Janeiro.[24] Além disso, as novas construções ali erguidas aparecem como grandes naves espaciais (e não mais os barcos a vapor da modernidade) entre as casas e edifícios residenciais das ruas ainda bem arborizadas; o que dá ao bairro um ar, ao mesmo tempo, futurista e suburbano.

A arquitetura dos novos prédios segue os mais avançados padrões internacionais, com o equilíbrio de espelhos, metais e concreto. O WTC paulista, assim como o Hotel Bonaventure analisado por Jameson (1996), apesar da suntuosidade e estranheza, acaba por proporcionar uma intervenção suave, no seguinte sentido: a) Não compromete o seu entorno; b) Não aparece como uma crítica; c) Não alimenta uma proposta de

•••••••••••••••

22 GALVÃO, Edilamar. Projeto de intervenção evidencia o autoesquecimento da cidade, em: *Folha de São Paulo*, Ilustrada. São Paulo, 31 de outubro de 1997, pp. 4-10.

23 "VOVÔ" tem dez anos, em: *Folha de São Paulo*, Imóveis. São Paulo, 27 de fevereiro de 1994, pp.10-3.

24 Uma interessante e pertinente análise sobre a arquitetura *kitsch* do bairro mais pós-moderno do Rio de Janeiro, a Barra da Tijuca, pode ser encontrada em Jaguaribe (1998).

transformação utópica. E se há confluência nos efeitos da intervenção externa, o mesmo pode-se dizer do ambiente interno do WTC, cuja circulação também produz, como no Bonaventure, uma brutal experiência de desorientação espacial, devido à incapacidade de localização e de organização perceptiva do espaço. É fácil sentir-se como em um labirinto ao fazer o percurso hotel-*shopping*-escritórios de forma contínua, através das escadas e elevadores, com a mesma dificuldade de encontrar uma saída.

Mas talvez Sarlo tenha razão ao dizer que:

> *Quem vai ao* shopping *para entrar, chegar a um determinado ponto, fazer uma compra e sair imediatamente contradiz as funções desse espaço que tem muito a ver com a faixa de Moebius: Passa-se de uma superfície a outra, de um plano a outro, sem se dar conta de que se está atravessando um limite. Justamente por isso é tão difícil se perder em um* shopping: *Ele não foi feito para levar a um determinado ponto; em consequência disso, em seu espaço sem hierarquias, também é difícil saber se está ou não perdido. O* shopping *não é um labirinto, de onde é preciso encontrar a saída; pelo contrário, só uma comparação artificial pode aproximar o* shopping *de um labirinto.* (1997, p. 16)

A caracterização que Jameson faz das entradas do Bonaventure se encaixa perfeitamente às características gerais do WTC paulista. As entradas desse empreendimento também se parecem com as entradas laterais e dos fundos dos antigos prédios, funcionando apenas como um fio de ligação com o exterior. A maneira mais fácil de entrar (e sair) é de automóvel. A quantidade de carros que se movimentam ao redor do WTC, muitos deles saindo, e passam pela avenida das Nações Unidas entorpece o transeunte. Andar a pé ali produz duas formas de estranhamento: O estranhar de si por quem anda; e o estranhar do outro por aqueles que estão dentro dos carros de vidros escurecidos (assim como os prédios, que também parecem nos olhar).

Podemos identificar um fluxo contínuo entre as autopistas e os "movedores de pessoas" (elevadores e escadas rolantes) do WTC. É perceptível a excitação espetacular, como fala Jameson, na substituição que esses aparelhos fazem do próprio movimento, funcionando como os seus sinais reflexivos, como significantes alegóricos dos passeios a pé nos bulevares do século XIX. E se os elevadores e as escadas rolantes, apesar da funcional complementaridade, proporcionam uma experiência espacial diversa (os últimos fazendo da circulação interna uma forma de ver e ser visto; e os primeiros com a função de "janelas" sobre a cidade externa), os automóveis proporcionam uma experiência mista, como se fossem "janelas-móveis", aquilo que da cidade-total se pode levar para a cidade real, cidade que continua a ser transformada em imagem distorcida de si mesma.

A glorificação do automóvel, por sua vez, como afirma Jaguaribe (1997, p. 139), assume uma dimensão mitológica ao dar aos seus usuários "o privilégio de trafegar nas vias públicas e vislumbrar, através dos vidros fechados, as massas despossuídas à espera do precário transporte público". Nesse sentido, ele funciona como mais uma "cápsula especial" acondicionada pela estética do mercado, o novo lugar do exercício de uma nova cidadania em que a "moda" substitui os códigos civis (SARLO, 1998).

Dessa forma, não me parece equivocado considerar o WTC paulista como pertencente ao que Jameson chamou de uma nova categoria de fechamento, que busca governar o espaço interno do próprio ambiente na aspiração de ser um espaço-total - uma cidade-total: Um lugar para morar, consumir, se divertir e trabalhar. Um lugar em que se produz uma nova prática coletiva segundo a qual os indivíduos se movem e se congregam em uma nova hipermultidão historicamente original. O WTC é, certamente, um exemplo de empreendimento que não quer ser parte da cidade, mas seu equivalente, o refluxo de tudo que o circunda.

O que explica essa "vontade" das cidades-totais, as "Olímpias" da pós-modernidade, em não querer ser parte da cidade real? Uma hipótese: O projeto de sua imersão nas cidades internacionais, que se dividem, como já visto, em duas categorias básicas. Em primeiro lugar, temos as cidades internacionais dos países desenvolvidos, centro da ação dos atores da temporalidade hegemônica. Em segundo, as cidades internacionais dos países não desenvolvidos, palco da ação da maioria dos atores da temporalidade não hegemônica.

As cidades-totais, consequentemente, possuem funções distintas de acordo com sua localização nas áreas mais ou menos luminosas, como na recriação política da atual geografia mundial delineada por Milton Santos (1997). São, portanto, sintomas da desigualdade do capitalismo tardio, que, por sua vez, é formado por redes desiguais emaranhadas em escalas e níveis diferentes, que se sobrepõem e se prolongam umas sobre as outras e acabam por configurar o espaço mundial em áreas densas (zonas de luminosidade), áreas praticamente vazias (zonas opacas) e uma infinidade de áreas intermediárias - no que se refere à composição quantitativa e qualitativa do espaço (na contingência dos aportes de ciência, tecnologia e informação).

Assim, São Paulo, como uma das cidades internacionais das zonas intermediárias, é um foco de luz essencial na América Latina. Como veremos a seguir, com as instalações dos novos "lugares funcionais" (os centros mundiais de comércio do qual o WTC é, talvez, o melhor exemplo), a megalópole brasileira passa a ser a área polar do continente.

> *Não mais propriamente por sua indústria, mas pelo fato de ser capaz de produzir, coletar e classificar informações, próprias e dos outros, distribuí-las e administrá-las de acordo com seus próprios interesses.* (SANTOS, M. 1997, p. 151)

Por sua onipresença regional, a capital paulista passa a ser o vetor latino-americano da hegemonia do capital mundial capaz de desorganizar e reorganizar, de acordo com seus interesses, as atividades de sua periferia e impor as novas regras ao processo de desenvolvimento regional.[25]

25 Sobre a constituição de São Paulo como uma metrópole informacional, ver Milton Santos (1994). Sobre a conformação dessa cidade como artífice do processo político brasileiro nos anos 1990, conferir "FHC: Os paulistas no poder", publicação organizada por Roberto Amaral (1995).

VII. WTC: UM CENTRO DO COMÉRCIO MUNDIAL

As cidades, como os sonhos, são construídas por desejos e medos, ainda que o fio condutor de seu discurso seja secreto, que suas regras sejam absurdas, as suas perspectivas enganosas, e que todas as coisas escondam uma outra coisa.

Ítalo Calvino

O complexo do World Trade Center (WTC) da cidade de São Paulo possui uma área construída de aproximadamente 175 mil m^2, compondo-se de uma torre de escritórios com 25 pavimentos, em uma área de 45 mil m^2, um hotel cinco estrelas do grupo espanhol Meliá (com 302 suítes), um centro de convenções e o *shopping* D&D, especializado em decoração, (com 13 mil m^2 de área para locação). A construtora foi a OAS, o terreno pertence à Servlease e os principais provedores de recursos foram os associados da Associação Brasileira das Entidades Fechadas de Previdência Complementar (ABRAPP), cuja maior parte é formada pelos fundos de pensão dos funcionários de empresas públicas brasileiras – muitas delas hoje privatizadas. A principal função do WTC, segundo seus empreendedores, é estimular o comércio internacional com a oferta dos mais modernos recursos tecnológicos pelos menores custos, além de facilitar o acesso ao crédito internacional.

> *Sendo hoje a internacionalização da produção e do consumo uma realidade, possivelmente nenhum outro empreendimento poderia melhor do que o WTC contribuir de forma mais positiva para o objetivo da inserção das empresas brasileiras nessa nova fase da economia mundial.* (ABRAPP, 1991, p. 2)

O WTC foi preparado para receber as empresas e órgãos (privados ou públicos) que precisam estar integrados às suas matrizes ou aos clientes de outros países, ligados ao comércio exterior. Para isso, foi projetado com miniescritórios para pequenas e médias empresas ou departamentos de companhias maiores – as áreas dos escritórios variam entre 50 m² e 400 m². Apesar disso, o preço médio do m² era, na época da inauguração, o dobro do preço médio de outras áreas do Brooklin Novo. "O ideal é que as empresas se instalem com estruturas enxutas", explicou Gilberto Bomeny, dono da Servlease e membro da WTC Assessoria Internacional, a instituição responsável pela administração do complexo.[26] A área reduzida dos escritórios é compensada pelo fornecimento de uma estrutura complementar de serviços, como salas e equipamentos para a realização de reuniões, seminários e teleconferências. Do 4º ao 13º andar, as empresas podem expor seus produtos. No 24º, fica o WTC System Center, departamento especializado em serviços de informática.

Seis meses após a inauguração, o WTC paulista preparava-se para se incluir no calendário das feiras internacionais. "Só estamos esperando a divulgação do calendário do

26 BARELLI, Suzana. Micros descobrem comércio exterior. *Folha de São Paulo*, Dinheiro. São Paulo, 25 de setembro. 1995, pp. 1-2.

próximo ano para fechar as feiras e suas datas", afirmou Sílvia Mangabeira, gerente-geral do Show Trade, responsável pelos oito andares de exposição do prédio (com uma área de 1.200 m^2 por andar).[27] Os grupos que até então tinham visitado o local foram o Messe Frankfurt – que organiza feiras para as empresas alemãs em mais de 70 países –, o grupo holandês Miller Freeman, os ingleses do Blenheim (que promove, em Paris, a Batimat, considerada a maior feira de construção do mundo) e a Reed Exhibitions (que organiza 310 feiras por ano). Para o ano de 1996, estavam previstas 28 feiras, entre elas o 1º Congresso Brasileiro do Varejo de Calçados, promovido pela Couromoda. O local foi projetado para ser a plataforma das megafeiras brasileiras, com a oferta de sua infraestrutura para as exposições de segmentos específicos. Como diferencial, o próprio WTC fornece aos expositores estandes padronizados e áreas próprias para reuniões de negócio.

Projetos como esse integram a estratégia do WTC paulista em se tornar um dos instrumentos de abertura de nossas fronteiras e, através dos contatos ao redor do globo, ampliar o comércio do país através da inserção das empresas que atuam no Brasil com o comércio internacional. Os impactos desse projeto, no entanto, ultrapassam os aspectos sociais e econômicos e chegam àquela esfera espacial detectada por Milton Santos (1997): a psicoesfera (crenças, vontades, hábitos e desejos da inspiração dos comportamentos práticos e filosóficos que regulam as relações interpessoais com o universal no capitalismo tardio), que junto com a tecnoesfera (a artificialização

27 BARELLI, Suzana. World Trade Center busca novas feiras. *Folha de São Paulo*, Dinheiro. São Paulo, 08 de abril de 1996, pp. 2-9.

crescente do mundo), forma o meio técnico-científico da era pós-moderna.

É na psicoesfera que ocorre um efetivo processo de globalização, já que o espaço, como um todo ou qualquer, sempre foi, de certa maneira, do mundo. É nesse nível que se institui de forma ampla a racionalidade global, que se expressa através da matematização do espaço e da vida social, instaurando a tirania do mercado e a impotência política dos estados nacionais. Empreendimentos como o WTC têm justamente a função de proporcionar o "clima psicológico" (termo usado pelo jornal de divulgação de uma das instituições financiadoras do projeto) determinante do comportamento futuro da economia brasileira.

> *Afinal, é difícil imaginar um outro projeto que possa casar tão bem com os propósitos de abertura do país para o exterior. [...] O World Trade Center, como seu próprio nome indica, é um fator de abertura das fronteiras, pelos contratos que facilita ao redor do globo. Uma outra consequência previsível dessa ampliação do comércio com as outras nações, além, é claro, do inevitável aumento das receitas em dólares, algo que o Brasil anda tão necessitado, é o crescimento do intercâmbio de experiências empresarias e tecnologias. [...] Um projeto como o WTC se entrosa como uma luva com o objetivo de abrir a economia e a cabeça do brasileiro para o mundo.* (ABRAPP, 1991, pp. 2-3, grifo do autor)

A instalação do WTC em São Paulo faz parte do processo de transformação das cidades internacionais dos países subdesenvolvidos em espaços derivados da lógica internacional da criação de um novo império global. Convém lembrar que o WTC paulista integra hoje uma rede de edifícios especializados em comércio exterior presente em mais de 100 países, com mais 300 centros construídos e 500 mil empresas associadas. Em 1991, a rede abrangia 50 países, com 240 centros.

O mais famoso e importante era justamente o de Nova Iorque, construído de 1968 a 1973 e destruído em 11 de setembro de 2001, pela rede terrorista internacional Al Quaeda, liderada pelo saudita Osama Bin Laden. Projetado pelos arquitetos Minoru Yamasaki e Emery Roth, o WTC de Nova Iorque possuía 110 andares e 411 metros de altura. Sua estrutura era uma forma de construção variante da usada na Torre Eiffel, adaptada a edifícios extremamente altos - mas que não foi capaz de suportar a colisão de dois enormes aviões de passageiro. Era ali que ficava a sede da World Trade Center Association (WCTA), que em fevereiro de 1993 já tinha sido vítima de um outro atentado terrorista, no qual morreram seis pessoas e mil ficaram feridas - até então o pior atentado terrorista já cometido nos Estados Unidos. Com 2.819 mortos e outros milhares de feridos, o atentado de 11 de setembro de 2001 se tornou o maior ato terrorista do mundo, de todos os tempos.

A WTCA, fundada em 1968, em New Orleans, é uma "organização apolítica, sem fins lucrativos" composta de clubes de negócios, câmaras de comércio e diversas outras organizações, sempre voltadas para o comércio internacional. Tem seus membros recrutados em diversos países e é dirigida por um corpo mundial de diretores eleitos pelos primeiros. Realiza grande parte de seus trabalhos através de comitês específicos nas áreas de clubes e associações, nações em fase de industrialização, programas educacionais de comércio exterior, informações, comunicações, pesquisas e, principalmente, através dos WTCs espalhados pelo mundo.

> *O WTC ideal é uma espécie de* shopping-center *de negócios, onde qualquer empresário pode ter fácil acesso a todas as organizações, públicas e privadas, ligadas ao comércio internacional. Isto é, de um lado, beneficia as organizações situadas no WTC que necessitam comunicar-se entre si, e, de outro, possibilita, pela concentração de múltiplas atividades ligadas à exportação e importação em uma mesma edificação, uma visão ampla dos serviços oferecidos na cidade e no país onde esteja instalado.* (ABRAPP, 1991, pp. 5-6)

A WTCA leva aos seus associados as palavras de ordem que dominam o meio empresarial e a tecnocracia estatal desde o início da década de 1980, instituindo-se como um dos principais agentes de difusão dos pressupostos da qualidade na produção – estratégia de reengenharia administrativa que atravessou grande parte do globo promovendo pânico e desemprego (FORRESTER, 1997). No Brasil, por exemplo, eles se associaram ao Centro da Qualidade, Segurança e Produtividade (QSP) e à Fundação para o Prêmio Nacional da Qualidade. O intuito da rede WTCA é "auxiliar" seus membros no aprimoramento da qualidade de seus serviços.

> *Através de um extenso programa de publicações, assembleias anuais, estudos especiais, estabelecimento de padrões e de procedimentos uniformizados e, ainda, estimulando o espírito de cooperação mútua. Assim, cada WTC pode oferecer muito mais a seus usuários*

> *porque faz parte, e está integrado, a uma grande rede mundial de centros de negócios.* (ABRAPP, 1991, p. 6)

É a partir desses indícios que se pode identificar a função política de projetos como o do WTC nos países não desenvolvidos ou em desenvolvimento, nos quais as grandes metrópoles são transformadas em cidades internacionais submissas, inclusive com a instalação das cidades-totais como instrumento propício para a ampliação do fluxo mundial da informação e a "inserção" no comércio global. Como afirma Milton Santos:

> *Quanto mais os países se modernizam e crescem, mais as grandes cidades associam lógicas externas e lógicas internas subordinadas. Por isso são cidades críticas desde o seu nascimento, sobretudo porque se tornam cidades sem cidadãos.* (1997, p. 64)

Empreendimentos como o WTC são elementos fundamentais para a configuração das novas formas de poder das corporações internacionais, cada vez mais capazes de combinar, de forma eficaz e imediata, os fatores produtivos. Os ataques especulativos ocorridos no final dos anos 1990 no México, Rússia, "Tigres Asiáticos" e Brasil (no qual os bancos internacionais lucraram com a desvalorização do Real, só em janeiro de 1999, mais do que nos doze meses de 1998) é apenas uma amostra da força das corporações financeiras, baseada principalmente na "capacidade de modificar, no momento hábil, regras do jogo econômico, em sua própria área de atividade e em função dos seus interesses emergentes" (SANTOS, M. 1997, p. 63). É dessa forma que:

> *Os atores hegemônicos se servem de todas as redes e utilizam todos os territórios. Eis por que os territórios nacionais se transformam num espaço nacional da economia internacional e os sistemas de engenharia criados em cada país podem ser mais bem utilizados por firmas transnacionais do que pela própria sociedade nacional.* (SANTOS, M. 1997, p. 53)

Segundo Martin e Schumann (1998), a crise do México foi uma pequena prova em que a nova ordem pode se transformar, quando os protagonistas demonstraram como o ímpeto da integração global da economia alterou as estruturas de poder no mundo. Nesse início de milênio, com a degradação política e social da Argentina e a crise de confiança na economia brasileira durante o pleito presidencial de 2002, viu-se que essa nova estrutura mundial tem como base uma densa rede de comunicações eletrônicas, telefones digitais via satélite, aeroportos de altíssima capacidade, parques industriais isentos de impostos, interligados por dezenas de regiões metropolitanas, cada qual com 8 a 25 milhões de habitantes, distribuídas no globo como se fossem os "nós" da rede que produzem as "manchas luminosas" de que fala Milton Santos (1997). Essas cidades formam uma espécie de arquipélago da riqueza internacional, como enclaves do progresso e fortalezas da economia global. Funcionam, cada vez mais, como portos da nova estrutura que tem seu poder baseado na aliança entre agentes, comerciantes e governos regionais que incentivam as empresas globais que as abrigam.

O centro dessa aliança, por sua vez, está nas agências anônimas do poder mundial do mercado financeiro, como aquela que se estabelece em um compacto prédio de onze andares, na Church Street 99 em Nova Iorque, ante à sombra das duas torres do WTC, onde trabalham os seus 300 analistas. Na parede do saguão de entrada da mais solicitada consultoria de investimentos do globo, a Moody`s Investors Service, um relevo banhado em ouro, com mais de 12 m^2, resume sua filosofia:

> *Crédito é o sopro da vida no moderno sistema de livre comércio. Contribuiu cerca de mil vezes mais para a riqueza das nações do que as minas dos metais preciosos possam ter proporcionado.* (MARTIN; SCHUMANN, 1998, p. 95)

CONCLUSÃO

O inferno dos vivos não é algo que será; se existe, é aquele que já está aqui, o inferno no qual vivemos todos os dias, que formamos estando juntos. Existem duas maneiras de não sofrer. A primeira é fácil para a maioria das pessoas: Aceitar o inferno e tornar-se parte deste até o ponto de deixar de percebê-lo. A segunda é arriscada e exige atenção e aprendizagem contínuas: Tentar saber reconhecer quem e o que, no meio do inferno, não é inferno, e preservá-lo, e abrir espaço.

Ítalo Calvino

São nas aglomerações pós-iluministas, as cidades internacionais que abrigam as cidades-totais, que se instaura a lei do novo, cujo "sopro da vida" da Moody's é só um exemplo, tão condizente com a lógica cultural do capitalismo tardio que reproduz e potencializa a conformidade e o conformismo. É nessa junção de estruturas mental-concretas (se levarmos em conta os dois aspectos que caracterizam empreendimentos como o WTC) que se forja a abolição da ideia e da realidade do espaço público – e de homem público – para a reificação da sociedade de homens privados – na era que Jameson identificou como o auge do capitalismo.

O dessujeito fragmentado do pós-modernismo têm, assim, sua totalidade restituída no egoísmo do homem privado da era tardia do capital, que vive integrado às redes através dos nós (as cidades-totais das cidades internacionais) que sustentam o sistema global. Nesse sistema, a lei da *jungle* e da *city* se rearranjam e se fundem para o triunfo de um modo de produção baseado na ciência, na tecnologia e na informação - fenômeno tão relevante quanto à:

> *Substituição galopante do capitalismo concorrencial pelo capitalismo monopolista e a chegada concomitante do que se chamou de Modo de Produção Estatal combinado com Modo de Produção Urbano.* (SANTOS, M. 1997, p. 75)

Esse novo fenômeno, nos países do antigo Terceiro Mundo, se contextualiza com a adoção do modelo neoliberal de governo, substitutivo das autoritárias administrações anteriores.

As cidades, nesse novo momento, ganham uma nova face, uma nova função e uma nova definição. Nelas se realizam uma nova forma de ser da economia, distinta dos antigos padrões produtivos, devido à sofisticação e agigantamento do setor terciário - a explosão cultural de que fala Jameson, que invadiu as outras esferas da vida social - e a concentração de poder em número cada vez menor de firmas - que são cada vez maiores devido às estratégias de fusão e crescimento, incluindo as reengenharias de multiplicação de lucros.[28]

28 "Os agentes produtivos diretamente responsáveis pela globalização produtiva [...] são as cercas de 40.000 corporações multinacionais - das quais 6 mil assentadas e operando no Brasil - e no seu cerne, algumas centenas de gigantescas corporações estratégicas e megaconglomerados. Essas milhares de corporações são provenientes de somente 38 países, 90% dos quais localizados no eixo Norte-Norte, operando cerca de 250 mil afiliadas, filiais e associadas, com vendas que ultrapassam os 5,2 trilhões de dólares - volume superior a todo comércio mundial. E do total de corporações,

É por isso que a cidade passa a ser objeto incessante das transformações que atingem aquelas áreas necessárias à realização das atividades modernas de produção e circulação. A cidade do alto modernismo, teatro realista da existência de todos os seus moradores, é superada pela ficção *ciberpunk* da nova cidade pós-moderna (ou pós-iluminista). Essa, por sua vez, é uma cidade:

> *Seletiva, cidade técnico-científica-informacional, cheia de intencionalidades do novo modo de produzir, criada, na superfície e no subsolo, nos objetivos visíveis e nas infraestruturas. [...] Espaço minoritário dentro da aglomeração, espaço não dominante do ponto de vista da extensão, é, todavia, o espaço dominador dos processos econômicos e políticos, cuja lógica implacável se sobrepõe e comanda os demais subespaços...* (SANTOS, M. 1997, p. 75)

A partir da execução desses planos, em obediência aos parâmetros das cidades internacionais, se estabelece as condições de uma modernização sempre renovada, que negligencia a maior parte da população das cidades reais dos meios físicos e humanos, dos seus benefícios e empregos – algumas mais, outras menos, mas sempre negligenciando uma maioria. Já os citados edifícios inteligentes são os lugares destinados às atividades hegemônicas centrais, produtos de uma intencionalidade exigente e exclusiva, espaços preparados para o exercício de funções precisas na

•••••••••••••••

24 mil tem origem em 14 países altamente industrializados, sendo que as 500 maiores – as Big Five Hundred – são de somente 7 nações" (DREIFFUS, 1996, p. 162). Esses sete países, por sua vez, concentram 14,6% da população e 87,9% do produto mundial.

criação de novas ecologias, de uma nova segregação espacial de escala mundial.

Tal segregação, calcada no fundamento da escassez, está bem retratada na hipótese de constituição de uma sociedade "20 por 80", profetizada pelos novos donos do mundo, em setembro de 1995, no Hotel Fairmont (outro exemplo de cidade-total), que se localiza na cidade de São Francisco, Califórnia – onde ao fundo se vislumbra o Vale do Silício, berço da revolução dos computadores. Como solução para o mundo dividido do século que se inicia, entre os que estariam no mundo do trabalho e os que estariam excluídos definitivamente da vida social, previu-se a sociedade do *tittytainment*, uma combinação de *entertainment* (entretenimento) e *tits* (seios, na gíria americana), uma mistura de diversão anestesiante e alimento suficiente – uma nova versão do "pão e circo".

A solução encontrada pela Europa, no final do século XIX, para evitar a ameaça da pobreza foi a exportação do seu excedente populacional para outros continentes. Hoje, porém, essa estratégia não é mais factível. No mundo globalizado, o fluxo migratório está na direção inversa, nas tentativas dos que:

> *Forçam passagem pelo Rio Grande, na fronteira do México, querendo entrar nos louvados Estados Unidos, ou cruzam o Mediterrâneo em direção à exaurida Europa, na ânsia de conseguir algum trabalho.* (MARTIN; SCHUMANN, 1998, p. 61)

Os mecanismos políticos e burocráticos para evitar essa invasão já estão sendo tomados, como a recusa dos vistos turísticos e das permissões de trabalho.

Um dos efeitos reversos do fatídico 11 de setembro de 2001 foi justamente o endurecimento aos estrangeiros (com exceção dos de origem europeia ocidental ou nipônica) que já estão ou tentam ingressar na América do Norte e Europa Ocidental. Mas as fortalezas conseguirão resistir? "Quem ordenará fogo?", pergunta Bertrand Schneider, do Clube de Roma (MARTIN; SCHUMANN, 1998, p. 61). A adoção da "doutrina Bush",[29] a tática belicista de responder às ameaças do terrorismo internacional, parece ser a resposta. A invasão do Iraque em 2002 e a constituição do campo de concentração na base militar de Guantánamo são os melhores exemplos.

E o que fazer com a miséria crescente nas próprias áreas "luminosas"? Devido aos ditames da nova ordem competitiva, sob a retórica neoliberal, tem-se a derrocada dos sistemas de *Welfare State* nos países europeus, assim como a maior concentração de riqueza nos Estados Unidos – que muitos dizem viver um processo de *brasilianização*. A revivência dos ódios étnicos, em grande parte do globo, talvez seja o sintoma mais perverso da lógica cultural que domina esse período histórico, que, de certa forma, se manifesta nas

29 Tal doutrina, sintetizada na frase "ou vocês estão conosco ou com os terroristas", está servindo, na opinião de John Ikenberry, professor de geopolítica e justiça global da Universidade de Georgetown, em Washington, para os Estados Unidos criarem uma "visão neoimperial" com o intuito de atribuir-se "um papel global de criador de padrões, determinando ameaças, usando a força e administrando a justiça". "Trata-se de uma visão em que a soberania se torna mais absoluta para os EUA e se transforma em algo mais condicional para os países que desafiem os padrões de comportamento determinados por Washington. Isso poderia estabelecer uma nova ordem mundial, de um calibre que nem a Guerra Fria foi capaz de gerar" (PASSOS, José Meirelles. País se isola ao sabor da "doutrina Bush". *O Globo*, Especial. Rio de Janeiro, 08 de setembro de 2002, p. 3).

políticas de tolerância zero de combate à violência – que se caracterizam, entre outras coisas, pela restrição das garantias individuais, agravamento das penas privativas e adoção da pena da morte.

Qualquer semelhança com o ocorrido na Alta Idade Média, como lembra Vera Malagutti Batista, não será mera coincidência:

> *Quanto mais empobreciam as massas, mais severas eram as penas. As execuções, mutilações e açoitamentos se convertem em regra. Impossibilitados de sofrer mais penas pecuniárias, os pobres emprestam seus corpos para o espetáculo do horror.*[30]

A história não só se repete como farsa, como também sofistica as crueldades, particularmente com a defesa das teorias repressivas que produzem uma visão esquizofrênica por forjar novos inimigos públicos e, consequentemente, o medo das novas gerações.

Mas será preciso encontrar alguma solução? Segundo a tese do sociólogo Zygmunt Bauman, no livro *Modernidade e Holocausto*, cada época produz o aparelho apropriado para as suas respectivas atrocidades.

> *O Holocausto, diz Bauman, está para os anteriores episódios de genocídio como a fábrica moderna para a vetusta oficina do artesão. Sua consumação exigia "um formidável aparato de indústria, transporte, ciência, burocracia e tecnologias modernas". [...] Uma enorme*

•••••••••••••••

30 DUMANS, Alexandre Moura. Entre o tráfico e o preconceito. *Jornal do Brasil*, Ideias. Rio de Janeiro, 30 de janeiro. 1999, p. 3.

> *massa de interesses empresariais passou a mobilizar milhões de indivíduos em contribuições diretas distantes. A Alemanha aceitava ser judenrein, limpa de judeus, mas com bons modos.*[31]

O distanciamento moral em relação aos genocídios fazia dos seus participantes não criminosos, mas especialistas em trabalhos cujos resultados não lhe diziam respeito – como bem mostra a personagem de Kate Winslet, no premiado *The Reader*,[32] produção alemã e norte-americana de 2008, dirigida pelo cineasta Stephen Daldry. Mas isso não seria privilégio alemão. O jornalista e escritor Moacir Werneck de Castro cita como exemplos a fabricação da bomba atômica em Los Alamos, nos Estados Unidos (onde os participantes fingiam ignorar que estavam lidando com o mais terrível artefato de destruição em massa), e as recentes guerras de "apertar botões" anglo-americana no Oriente Médio, que propiciam o despejo de bombas mortíferas sobre países como o Iraque em nome da paz e, às vezes, das Organizações das Nações Unidas – ou contra ela. Mas, na era global, argumenta Castro, existe um outro exemplo de morte à distância perpetrada na maior tranquilidade pelos civilizados.

> *São as operações exterminadoras, executadas sob a orientação de instituições como o Fundo Monetário Internacional. Indivíduos totalmente robotizados, sem nenhuma visão social dos problemas dos países colhidos num mecanismo infernal de ataques especulativos, em*

31 CASTRO, Moacir Werneck. Morte à distância. *Jornal do Brasil*, Opinião. Rio de Janeiro, 2 de março de 1999, p. 9.
32 "O Leitor", na versão brasileira.

> *conexão com erros causados pela inépcia de governantes atacados pelo delírio da globalização, manipulam o receituário de uma política econômica que conduz ao extermínio das camadas mais pobres desses países. O mesmo fator econométrico que gera uma taxa "xis" de desemprego é também responsável pela fome e pelo aumento do índice de mortalidade, sobretudo infantil.*[33]

Essa nova versão do Holocausto, travestida em inevitável efeito do desenvolvimento tecnológico e econômico (FORRESTER, 1997), tal como apresentada por seus defensores, parece bastar-se a si mesma, não necessitando de qualquer justificativa ética – como, aliás, qualquer outra forma de violência pura. Isso só é possível e suportável porque vivemos em uma era de patologia autorreferencial, "como se nosso completo esquecimento do passado exaurisse na contemplação vazia, mas hipócrita, de um presente esquizofrênico" (JAMESON, 1996, p. 16). Vivemos uma era, portanto, marcada pelo eclipse da relação base/superestrutura, pela junção radical entre cultura e economia que produz um efeito especular encobridor das feridas não curadas da época modernista.

Por tudo isso, torna-se pertinente a definição *jamensoniana* desse novo espaço global como o clímax do capitalismo tardio, no qual o "sublime pós-moderno" pode ser considerado como a explicitação efetiva desse conteúdo – ainda que muito bem disfarçado pelo engendrar do pastiche, que leva ao imitar desenfreado de estilos passados e à transformação do mundo em um mero simulacro; ou seja, a cópia do que

33 CASTRO, Moacir Werneck. Morte à distância. *Jornal do Brasil*, Opinião. Rio de Janeiro, 2 de março de 1999, p. 9.

nunca existiu. Por outro lado, como já salientado, denota-se a dessubjetivação do ser no seu exercício permanente de descontinuidades – o dessujeito que Jameson vai tomar como um outro sintoma da explosão da cultura por todas as instâncias da vida. Nesse processo, as obras arquitetônicas pós-modernas, tais como o WTC, o Bonaventure e o Fairmont, surgem como exemplos do *sublime* que esmaga o que é humano, indicando a incapacidade do sujeito em representar tão grandes forças.

O sublime, lembra Zizek (1992), está ligado aos fenômenos caóticos e assustadores que estão além do "princípio do prazer" por proporcionarem um prazer pelo desprazer, intermediado pela dor, e que eleva o objeto à dignidade da "coisa-em-si" kantiana. Esse sublime surge, assim, como indício daquilo que ele identificou como estado "normal" do capitalismo – que é o de revolucionamento permanente de suas próprias condições de existência, que na era pós-moderna toma o sentido exato de sua indiferença moral, política e social.

Não se trata aqui de denunciar a fantasia ideológica do capitalismo tardio, em uma análise dessa ideologia apenas como funcionamento discursivo sobre um determinado real, e que visa à leitura sintomal do seu texto pela desconstrução de seu sentido. O que tentamos é extrair o núcleo do gozo estruturado da pré-fantasia pós-modernista, para além do seu campo de significação e, ao mesmo tempo, no interior desse campo, da mesma forma que Zizek fez quando tomou o exemplo do judeu como sintoma da inexistência da sociedade pretendida pelos antissemitas – cujo deslocamento acaba por encobrir o antagonismo fundamental da relação entre as forças produtivas, e que se finaliza na condensação da figura do judeu de traços antagônicos, múltiplos e contraditórios.

Para isso, entretanto, é preciso ir além desse efeito de deslocamento-condensação e levar em conta a maneira pela qual nossa fantasia articula o "judeu" no contexto estrutural do nosso gozo – maneira essa que pode ser descrita como:

> *Um roteiro que cobre o espaço vazio de uma impossibilidade fundamental, um anteparo que mascara um vazio. [...] Como tal, a fantasia não deve ser interpretada, mas apenas "atravessada": A única coisa que temos de fazer é perceber que não há nada "por trás", e que a fantasia mascara precisamente esse "nada" (mas há muitas coisas por trás de um sintoma, toda uma rede de sobredeterminação simbólica; por isso o sintoma implica sua interpretação).* (ZIZEK, 1992, p. 123)

Por trás da "questão judaica" está a própria "*in*-possibilidade" do fascismo, a presentificação da "*in*-possibilidade" do projeto totalitário, o seu limite imanente, "a encarnação fetichista de uma certa barreira fundamental" (ZIZEK, 1992, p. 124). Zizek nos indica ainda duas formas críticas de nos atermos sobre esse "nada", a marca, às vezes, da falta que faz da fala, que preenche o vazio da inevitável queda do outro, em torno do qual se articula a ordem simbólica: a) À maneira modernista, mostrando que o jogo funciona sem o objeto; b) E à maneira pós-modernista crítica, mostrando diretamente o objeto e não o jogo, tornando visível o seu caráter indiferente e arbitrário – e que ele pode funcionar, de forma sucessiva, como dejeto repulsivo e aparição sublime.

Esse foi o exercício tentado aqui ao indicar as cidades--totais do pós-modernismo como sintomas da fantasia totalitária pós-moderna, indícios esses que professam um mundo de segregação do espaço e do tempo, através da expulsão do "mundo do trabalho" de grande parte da população mundial, aos quais são reservados o *tittytainment* e as zonas opacas do globo – o que explica, em parte, a revivência de manifestações do tipo fascista em muitos conflitos étnicos, quando não na transformação desses grandes contingentes em "judeus" de si mesmos, pela desempregabilidade tecnológica-administrativa ou, como se diz, estrutural (que produz nos excluídos uma espécie de "ódio-a-si" como a causa do mal-estar do gozo do outro). Como já afirmou um saudoso compositor popular brasileiro:

> *Um homem se humilha*
> *se castram seu sonho*
> *seu sonho é sua vida*
> *e vida é trabalho...*
> *E sem o seu trabalho*
> *o homem não tem honra*
> *e sem a sua honra*
> *se morre, se mata...*[34]

As formas sublimes das cidades-totais fazem assim o papel do objeto aterrador, que se revela como a encarnação do horror, por ser cotidiano e corriqueiro – afinal, nada mais comum e bem-vindo do que a inserção no comércio global, que nos dá a liberdade (e a obrigação) de vender e comprar –,

34 Gonzaguinha, em trecho de "Um homem também chora (Guerreiro Menino)", do disco *Alô Alô Brasil* (EMI, 1983).

um círculo do qual "não se pode sair" (SARLO, 1997, p. 17). As cidades-totais se postam ainda como uma nova possibilidade de reflexão sobre o urbano, na dimensão própria do *fin-de-siécle* (já chegamos ao século XXI?), que como afirma Rodrigues (1996), se expressa na realização de políticas urbanas alternativas para o controle social e que se orienta na direção do espaço que tem como ponto central a ideia de eliminação ou não das cidades (reais) – julgadas como responsáveis pelas novas barbáries.

> *Seu princípio de orientação mantém como alternativa latente a construção da não cidade. Lugar que se caracteriza como afastado do que se concebe hoje como espaço urbano, mas que conteria todos os progressos introduzidos ao longo do tempo pelo viver urbano – transformando-se em uma ilha de paz cercada de culturas urbanas por todos os lados, talvez a retomada da utopia tecnológica de Bacon.* (RODRIGUES, 1996, p. 55)

Utopia essa que está na base do espírito da arquitetura modernista, cujas afirmações revolucionárias, lembra Manfredo Tarturi, teria:

> *Preparado o terreno para a omnipotência do plano tecnocrático plenamente racionalizado, a planificação universal do que viria a ser o sistema total do capital multinacional.* (*apud* JAGUARIBE, 1998, p. 151)

E é como instrumento central dos que têm o pretenso poder de decidir quem deve ou não merecer o paraíso na Terra (ou de quem devia ou não ter nascido, como parece ser o sonho da real fantasia geneticista), que as cidades-totais, por fim, sintetizam a permanência da ideia de "cidade-de-deus" no pós-moderno, o discurso que produz um sentido de exclusividade e exclusão. Discurso esse, que, por sua vez, tem como característica (em oposição ao modernismo, onde temos a sua ausência) a aproximação exagerada de Deus, a sua presença em demasia não somente pela face da divindade do Bem supremo, mas pela revelação do seu lado louco, obsceno – o Ser supremo em sua malignidade. A verdadeira catástrofe, salienta Zizek (1992, p. 188), não é a ausência, mas a proximidade da Coisa. Que fazer?

Já sabedores de que a negação radical ao núcleo desumano da cultura humana, através de sua sublimação fantasística, só pode acarretar na sua efetivação brutal (como demonstra os crimes mais assustadores cometidos em nome da Natureza Humana harmoniosa e de um ideal do Novo Homem), talvez seja fundamental o experimento preconizado por Berman (1987) em sua busca em criar uma modernidade mais plena e livre que a nossa pós-modernidade. Nessa, poderíamos:

> *Experimentar a existência pessoal e social como um torvelinho, ver o mundo e a si próprio em perpétua desintegração e renovação, agitação e angústia, ambiguidade e contradição. [...] Sentir-se de alguma forma em casa em meio ao redemoinho, fazer seu o ritmo dele, movimentar-se entre suas correntes em busca de novas formas de realidade, beleza, liberdade, justiça, permitidas pelo seu fluxo ardoroso e arriscado.* (BERMAN, 1987, p. 328)

Enfim, participar de forma mais íntegra desse universo em que tudo se desmancha no ar – até mesmo o marxismo, que, como salienta Boaventura Santos (1997), precisa dar lugar a uma utopia que resguarde o Marx que nos ensinou a ler o real segundo uma hermenêutica de suspeição e que, por outro lado, nos preserve do Marx que nos ensinou a ler os sinais do futuro segundo uma hermenêutica da adesão. Nos preserve, portanto, daquele marxismo que acreditou piamente no neutro e infinito desenvolvimento das forças produtivas.[35]

> *No progresso como processo de racionalização científica e técnica da vida, na exploração sem limites da natureza para atender às necessidades de uma sociedade em abundância para todos.* (SANTOS, B. 1997, p. 43)

No mundo em que a pós-modernidade se tornou irrecusável enquanto objeto, não importa tanto a escolha das "variáveis" que fazemos, mas sim a dosagem de suas combinações, ou melhor, através das "mediações".[36] E isso deve ser feito da seguinte forma:

> *Não mais a partir dos imperativos da técnica, que a economia se tornou subordinada, mas a partir dos valores, o que ensejaria uma nova forma de pensar um porvir no qual o social deixaria de ser residual (o que passa pela refundação do político e da cidade como*

•••••••••••••••

35 Sobre as características e possibilidades desse "novo" marxismo, de caráter mais histórico do que determinista, conferir Wood (2003).

36 Deve-se, portanto, substituir a adoção das variáveis pela das mediações. Como afirma Ciavatta (2001, pp. 141-142), "diferentemente da variável, a mediação não é um instrumento analítico de medição quantitativa do comportamento de um fenômeno, nem a busca da relação de causa e efeito, mas, sim, é a especificidade histórica do fenômeno. A mediação situa-se no campo dos objetos problematizados nas suas múltiplas relações no tempo e no espaço, sob a ação de sujeitos sociais".

pólis) e à economia e à tecnologia seria atribuído um papel histórico subordinado, em benefício do maior número. (SANTOS, M. 1997, pp. 158-159)

Talvez, para tanto, seja preciso fazer um importante movimento, exigindo dos responsáveis pela produção do conhecimento os seguintes institutos: Pôr fim ao conformismo; fugir aos raciocínios técnicos; recusar a pesquisa espasmódica; abandonar a vida fácil e enfrentar o entendimento do mundo. Enfim, desmistificar a "produção burocrática dessa ridícula espécie dos 'pesquiseiros' " que, pelos recursos que manipulam e contatos que mantêm, persistem em fundar uma universidade de "resultados" (SANTOS, M. 1997, p. 26). Isso porque, devido às configurações contemporâneas, o resguardar do ideal democrático precisa, mais do que nunca, da democratização do saber – condição *sine qua non* da equalização do tempo e do espaço, que deveria pertencer a todos.

Assim, como antídoto para o presenteísmo pós-modernista, sua satisfação com a aparência, com a fragmentação e o pastiche, sua razão cínica que se deixa levar pelo mercado das forças hegemônicas do capital, deve-se resgatar da modernidade a consciência do tempo e da história, a possibilidade e o desejo de se constituir projetos coletivos de cultura, de arte, de ciência e, por que não, de país. Oxalá na linha "nacional-popular" desenhada por Antonio Gramsci.[37]

37 Por meio da relação entre o "nacional" e o "popular", Antonio Gramsci busca recriar o entendimento que se tem sobre as classes populares para indicar uma nova forma de se relacionar com os subordinados e, por consequência, engendrar um "projeto de nação" que seja, ao mesmo tempo, inclusivo (em termos cognitivos) e revolucionário (em termos sociais) (REIS, 2009).

Mas, como afirma Affonso Romano de Sant'anna:

> *Não se trata de simplesmente condenar a pós-modernidade e querer saudosisticamente voltar à modernidade vanguardista de cem anos atrás. A experiência mostrou o risco das utopias ingênuas, assim como hoje mostra a aporia da antiutopia pós-moderna. Mas não há de ser atrelando a arte e o país (e também a ciência!) ao Pensamento Único gerando alhures que sairemos do impasse. A saída está além das dualidades.*[38]

38 SANT'ANNA, Affonso Romano de. Além da pós-modernidade. *O Globo*, Prosa e Verso. Rio de Janeiro, 19 de outubro de 2002, p. 2.

REFERÊNCIAS BIBLIOGRÁFICAS

ABRAPP. *Jornal da Abrapp* (Edição especial), São Paulo, dezembro, 1991.

AGOSTINHO, Victor. Concurso quer recuperar área central, em: *Folha de São Paulo*, Cotidiano. São Paulo, 13 de dezembro, 1996, pp. 3-6.

AMARAL, Roberto (org.). *FHC: Os paulistas no poder.* Niterói-RJ, Casa Jorge Editorial, 1995.

ANDERSON, Perry. *As origens da pós-modernidade.* Rio de Janeiro: Jorge Zahar Editor, 1999.

ANDRADE, Oswald de. *Serafim Ponte Grande.* São Paulo: Globo, 1991.

BAPTISTA, Luis Antonio. Cidades, lugares, sujeitos: contribuições da literatura e da política, em: CIAVATTA, Maria; FRIGOTTO, Gaudêncio. *Teoria e educação no labirinto do capital.* Petrópolis-RJ: Vozes, 2001, pp. 194-203.

BARELLI, Suzana. Micros descobrem comércio exterior. *Folha de São Paulo,* Dinheiro. São Paulo, 25 de setembro, 1995, pp. 1-2.

_______. World Trade Center busca novas feiras. *Folha de São Paulo*, Dinheiro. São Paulo, 8 de abril de 1996, pp. 2-9.

BERMAN, Marshall. *Tudo o que é sólido desmancha no ar – A aventura da modernidade*. São Paulo: Cia. das Letras, 1987.

BERNARDES, Betina. A escrita da vida, em: *Folha de São Paulo*, Mais! São Paulo, 12 de janeiro de 1997, p. 5.

BOBBIO, Norberto; MATTEUCCI, Nicola; PASQUINO, Gianfranco. *Dicionário de Política*. 4ª ed. Brasília: Editora Universidade de Brasília, 1992.

CALVINO, Italo. *As cidades invisíveis*. São Paulo: Cia. das Letras, 1995.

CASTRO, Moacir Werneck. Morte à distância, em: *Jornal do Brasil*, Opinião. Rio de Janeiro, 2 de março de 1999, p. 9.

CIAVATTA, Maria. O conhecimento histórico e o problema teórico-metodológico das mediações, em: CIAVATTA, Maria; FRIGOTTO, Gaudêncio. *Teoria e educação no labirinto do capital*. Petrópolis-RJ: Vozes, 2001, pp. 130-155.

CHOMSKY, Noam. *Novas e velhas ordens mundiais*. São Paulo: Scritta, 1996.

DREIFFUS, René. *A época das perplexidades – Mundialização, globalização e planetarização: novos desafios*. Petrópolis- RJ: Vozes, 1996.

DUMANS, Alexandre Moura. Entre o tráfico e o preconceito. *Jornal do Brasil*, Ideias. Rio de Janeiro, 30 de janeiro de 1999, p. 3.

FINKIELKRAUT, Alain. *La Nueva Derecha Norteamericana (La Revancha y La Utopía)*. Barcelona (Esp): Anagrama, 1982.

FOLHA DE SÃO PAULO. "Vovô" tem dez anos, em: *Folha de São Paulo*, Imóveis. São Paulo, 27 de fevereiro de 2002, pp. 3-10.

________. SP ganha hoje novo "prédio inteligente", em: *Folha de São Paulo*, Imóveis. São Paulo, 08 de outubro de 1995, pp. 3-9.

FORRESTER, Viviane. *O horror econômico*. São Paulo: Unesp, 1997.

GALEANO, Eduardo. A escola do crime, em: *Revista Discursos Sediciosos - Crime, direito e sociedade*, n. 2. Rio de Janeiro: Instituto Carioca de Criminologia; São Paulo, Cia. das Letras. 2º Semestre de 1996, pp. 15-16.

GALVÃO, Edilamar. Projeto de intervenção evidencia o auto-esquecimento da cidade, em: *Folha de São Paulo*, Ilustrada. São Paulo, 31 de outubro de 1997, pp. 4-10.

GRAMSCI, Antonio. *Cadernos do cárcere, volume 2. Os intelectuais; O princípio educativo; Jornalismo.* 5ª ed. Rio de Janeiro: Civilização Brasileira, 2010.

JABOR, Arnaldo. Matrix é contra o homem e a favor da máquina. *O Globo*, Segundo caderno. Rio de Janeiro, 17 de junho de 2003, p. 8.

JAGUARIBE, Beatriz. *Fins de século. Cidade e cultura no Rio de Janeiro.* Rio de Janeiro: Rocco, 1998.

JAMESON, Fredric. *Pós-modernismo – A lógica cultural do capitalismo tardio.* São Paulo: Ática, 1996.

________. *As sementes do tempo.* São Paulo: Ática, 1997.

________. *A cultura do dinheiro – ensaios sobre a globalização.* Petrópolis-RJ: Vozes, 2001.

LEVEBVRE, Henri. *Para compreender o pensamento de Karl Marx.* Lisboa: Edições 70, 1981.

LOPES, Carlos. A economia mundial exige novas regras do jogo. *Cadernos do Terceiro Mundo*, Capa. Rio de Janeiro, dezembro de 1993, pp. 23-31.

LOSURDO, Domenico. *Fuga da História? A revolução russa e a revolução chinesa vistas de hoje.* Rio de Janeiro: Revan, 2004.

_______. *A linguagem do império: léxico da ideologia estadunidense*. São Paulo: Boitempo, 2010.

MANACORDA, Mario Aliguero. *O princípio educativo em Gramsci: americanismo e conformismo*. Campinas-SP: Alínea, 2008.

MALBERGIER, S. Livro discute a degradação arquitetônica de São Paulo. *Folha de São Paulo*, Cotidiano, Especial B – 2. São Paulo, 6 de dezembro de 1994.

MARTIN, Hans-Peter; SCHUMANN, Harald. *A armadilha da globalização – O assalto à democracia e ao bem-estar social*. São Paulo: Globo, 1998.

NEGRI, Antonio; HARDT, Michael. *Império*. 3ª ed. Rio de Janeiro: Record, 2001.

OLIVEIRA, Marcos Marques de. A política governamental de ciência e tecnologia: da C&T à CT&I, em: NEVES, Lucia Maria Wanderley (org.). *O empresariamento da educação: Novos contornos do ensino superior no Brasil dos anos 1990*. São Paulo: Xamã, 2002, pp. 75-84.

ORWELL, George. *1984*. 29ª ed. São Paulo: IBEP, 2003.

PASSOS, José Meirelles. País se isola ao sabor da "doutrina Bush". *O Globo*, Especial. Rio de Janeiro, 8 de setembro de 2002, p. 3.

REIS, Claudio. *O "nacional-popular" em Antonio Gramsci*. Tese (Doutorado) - Universidade Estadual de Campinas. Instituto de Filosofia e Ciências Humanas. Campinas-SP: 2009.

RODRIGUES, Antonio Edmilson Martins. Cultura urbana e modernidade: um exercício interpretativo, em: PAIVA, Márcia de; MOREIRA, Maria Éster (coord.). *Cultura, substantivo plural*. Rio de Janeiro: CCBB; São Paulo: Editora 34, 1996, pp. 55-78.

SANT'ANNA, Affonso Romano de. Além da pós-modernidade. *O Globo*, Prosa e Verso. Rio de Janeiro, 19 de outubro. 2002, p. 2.

SANTAELLA, Lúcia. *Cultura das mídias*. São Paulo: Experimento, 1996.

SANTOS, Boaventura de Souza. *Pela mão de Alice: O social e o político na pós-modernidade*. São Paulo: Cortez, 1997.

SANTOS, Jair Ferreira dos. *O que é pós-moderno*. 8ª ed. São Paulo: Brasiliense, 1990.

SANTOS, Milton. *Técnica espaço tempo – Globalização e meio téenico-científico-informacional*. São Paulo: Hucitec, 1997.

_______. *Por uma economia política da cidade – O caso de São Paulo*. São Paulo: Educ - PUC, 1994.

SARLO, Beatriz. *Cenas da vida pós-moderna - Intelectuais, arte e vídeo-cultura na Argentina.* Rio de Janeiro: Editora UFRJ, 1997.

WOOD, Ellen Meiksins. *Democracia contra capitalismo: a renovação do materialismo histórico.* São Paulo: Boitempo Editorial, 2003.

ZEMELMAN, Hugo. Conocimiento Social y Conflicto em América Latina - Notas para Una Discusión. *Revista del Observatorio Social de América Latina*, n. 1. Ciudad de México (Mex): Consejo Latinoamericano de Ciencias Sociales, junho de 2000.

ZIZEK, Slavoj. Como Marx inventou o sintoma? Em: ZIZEK, Slavoj (org.). *Um mapa da ideologia.* Rio de Janeiro: Contraponto, 1996, pp. 297-332.

______. *Eles não sabem o que fazem - O sublime objeto da ideologia.* Rio de Janeiro: Jorge Zahar Editor, 1992.

Esta obra foi composta em CTcP
Capa: Supremo 250g – Miolo: Pólen Soft 80g
Impressão e acabamento
Gráfica e Editora Santuário